O Teatro da Natureza

Coleção Estudos
Dirigida por J. Guinsburg

Equipe de realização – Edição de texto: Lilian Miyoko Kumai; Revisão: Soluá Simões de Almeida; Fotografias e tratamento de imagens: Ricardo Mendes; Sobrecapa: Sergio Kon; Produção: Ricardo W. Neves e Raquel Fernandes Abranches.

Marta Metzler

O TEATRO DA NATUREZA:
HISTÓRIA E IDÉIAS

PERSPECTIVA

Dados Internacionais de Catalogação na Publicação (CIP)
(Câmara Brasileira do Livro, SP, Brasil)

Metzler, Marta
    O Teatro da Natureza: História e Idéias / Marta Metzler. — São Paulo : Perspectiva, 2006. — (Estudos ; 226 / dirigida por J. Guinsburg)

    Bibliografia.
    ISBN 85-273-0752-9

    1. Natureza (Estética) 2. Teatro brasileiro - História e crítica I. Guinsburg, J.. II. Título. III. Série.

06-2583   CDD-792.09

    Índices para catálogo sistemático:
    1. Teatro da Natureza : História e crítica
                  792.09

Direitos reservados à
EDITORA PERSPECTIVA S.A.
Av. Brigadeiro Luís Antônio, 3025
01401-000 – São Paulo – SP – Brasil
Telefax: (0--11) 3885-8388
www.editoraperspectiva.com.br
2006

Para Fernanda e Leonardo

Sumário

Agradecimentos XI

Lista de Ilustrações XIII

A Natureza do Teatro Brasileiro – *Tania Brandão* XV

Introdução XIX

1. As Origens 1
   De Longes Terras: O Teatro ao Ar Livre Internacional 2
   A Paternidade: Alexandre de Azevedo e o Teatro da Natureza Português 22
   O Lugar das Idéias: O Rio de Janeiro e seu Teatro no Início do Século XX 37

2. A Identidade Revelada 47
   O Local, os Cenários, os Figurinos 50
   Os Textos e a Cena 59
   O Elenco e as Atuações 69
   A Música 74
   Triste Fim do Teatro da Natureza 75

3. A Repercussão 77

4. Coda: Encruzilhada Tríplice 83

Referências Bibliográficas............................. 85

Anexos 89

Agradecimentos

Agradeço ao Programa de Pós-graduação em Teatro da UNIRIO, que acolheu o projeto e ao CNPq pelo auxílio concedido para a realização da pesquisa.

A Angela Materno e Maria Helena Werneck, que, com suas argüições, informações e sugestões, contribuíram decisivamente para o desenvolvimento da pesquisa que resultou neste trabalho.

A Mariana da Silva Lima, Micaela Góes e Daniele Avila Small, alunas do meu Estágio-Docência, que colaboraram diretamente com a feitura do trabalho, realizando importantes levantamentos bibliográficos em diversos acervos. A Eliane Pinheiro Maciel, que, além de tudo isso, ainda me acompanhou – sempre interessada e incansável – na produção das ilustrações.

A Juliana Pereira, Hélio de Mello Filho, Johana Albuquerque, Ana Bevilaqua, Célia Grespan e Adalberto Metzler, que me ajudaram generosamente na coleta de dados.

A Ricardo Mendes que emprestou seu talento para a realização das ilustrações do livro.

A Maria Thereza Vargas, que fez leitura atenta deste trabalho e que, com sua presença honrosa, tornou especial o evento da defesa.

A João Roberto Faria, pelo grande incentivo para a publicação deste livro.

A Marco, Fernanda, Leonardo, Antonia, Flávia e Juliana, por seu apoio e seu amor de todo dia.

Um agradecimento muito especial a Christine Junqueira Leite, amiga que participou de todas as etapas do trabalho como inesgotável fonte de informações, sempre prestativa e fraterna. Obrigada por todo seu carinho.

A Tania Brandão, orientadora deste trabalho, que com seu brilhantismo iluminou todos os meus passos nesta realização; que na sua luta aguerrida em prol do Teatro e da construção da História do Teatro Brasileiro, abriu-me as portas de sua biblioteca, forneceu-me documentos e apoiou-me em todos os momentos; a Tania ofereço o próprio livro como um agradecimento que se quer homenagem.

Lista de Ilustrações

Arena Goldoni, Florença, Itália 11
Hearst Greek Theatre, Berkeley, EUA 12
Teatro do Monte Harz 13
Uma produção no Teatro Bohemian Grove 14
Teatro de jardim na fazenda de Henry E. Bothin 15
Teatro em Mannheim, Alemanha 16
Teatro da natureza de Hertenstein, Suíça 17
Teatro do Bosque Klampenborg, Dinamarca 17
Facsímile da carta de Luiz Francisco Rebello 25
Folha de rosto de *Merlim e Veviana*, de Cacilda de Castro 27
"Um instantaneo apanhado durante a representação da
    tragedia 'Orestes'" 52
Anúncio do Festival em benefício da Cruz Vermelha
    de Portugal 55
"Aspecto de um trecho da platéa e galerias, vendo-se á direita
    a multidão que envolvia o recinto" 56
"O maestro Luiz Moreira regendo a symphonia
    do 'Guarany'" 56
"Aspecto da multidão à esquerda do proscenio" 57
"O camarote do sr. Embaixador de Portugal" 57
Alexandre de Azevedo caracterizado para *Outrora e Sempre...*,
    de Pedroso Rodrigues 58

A Natureza do Teatro Brasileiro

A história do teatro brasileiro está para ser escrita – a afirmação é um lugar-comum, voz corrente entre todos os que se dedicam ao tema. Significa, na verdade, que é urgência absoluta, prioridade mesmo, o desenvolvimento de pesquisas e estudos na área. E significa também a necessidade de reconhecer a importância da pesquisa que deu origem a este livro de Marta Metzler, *O Teatro da Natureza*, além de muitos outros méritos, tem a qualidade exemplar de revelar momentos do teatro brasileiro que persistiam esquecidos, apesar de sua importância, sem merecer atenção suficiente para que se pudesse indicar o papel exato que exerceram na história de nossa cena e na estruturação da sensibilidade brasileira. Quer dizer, o ponto de partida ideal para olhar este livro é a constatação – triste, mas verdadeira – de que a história do teatro brasileiro existe ainda hoje como um elenco de vazios, negativas e desconhecimentos, limites ao saber que precisam ser superados.

Esta condição é evidente no que se refere ao Teatro da Natureza, tema cercado por um deserto absoluto até o aparecimento deste livro. E falamos que o texto de Marta Metzler revela momentos esquecidos do teatro brasileiro porque ele busca esclarecer o episódio em pauta a partir de sua localização no teatro brasileiro da época. Portanto, a contribuição oferecida aos pesquisadores não é só o estudo de um caso isolado, mas a indicação de coordenadas importantes a respeito de um tempo que ainda não foi estudado em detalhe.

O ponto de partida adotado pela pesquisadora foi justamente a constatação, ao considerar *o estado da arte*, de que as dimensões atribuídas ao Teatro da Natureza eram, no mínimo, esboçadas de maneira difusa. Duas obras de referência fundamentais – O *Teatro no Brasil*, de J. Galante de Sousa, e *Moderno Teatro Brasileiro: Crônica de suas Raízes*, de Gustavo A. Dória – serviram como ilustração do problema. O detalhe curioso sublinhado por Marta Metzler, é que os dois autores sugerem que a proposta seguia um modelo de apresentações ao ar livre difundido na Europa na época, sem maiores indicações a respeito desta possível filiação. É ela quem observa, enfática – "A bibliografia não aponta, entretanto, o que efetivamente seria isto que se fazia na Europa, por que ou como se fazia, nem tampouco que tipo de semelhança haveria entre as produções européias e a realização brasileira".

Na verdade, o laconismo acaba traindo um cálculo historiográfico preciso, a preocupação em construir um certo tipo de ídolo, o do pioneiro ou precursor. As poucas linhas que existem nos manuais dedicadas ao Teatro da Natureza são fiapos de informação orientados para a construção de uma lenda, a lenda de uma vontade de transgressão, de invenção e de transformação. Indica-se em poucos argumentos imprecisos que o Teatro da Natureza teria sido um palco de mudança da cena brasileira, teria sido a revelação inconteste de que era possível trabalhar com um *outro* repertório, mais *denso*, mais *sério*, do que as peças sentimentais ou risíveis que povoavam então os teatros. Acima e além de todos os valores, o Teatro da Natureza projetava a figura mítica da atriz Itália Fausta, transformando-a na grande trágica brasileira.

Tais esquemas explicativos surgiram sempre com um certo cálculo de combate a um forte complexo de inferioridade – o problema do repúdio a um possível *atraso teatral brasileiro*. Eles permitiriam indicar a existência de gestos, ainda que isolados, que apontariam para um anseio de renovação, isto é, manifestações eficientes para neutralizar aquele que seria o grande fantasma da história da cena brasileira no século XX, o advento tardio do *teatro moderno*, pois a *encenação* só teria surgido de maneira efetiva, ainda segundo estes autores, a partir de 1943, com a montagem de *Vestido de Noiva*, de Nelson Rodrigues, com o grupo Os Comediantes.

Assim, o Teatro da Natureza poderia ser visto, segundo esta concepção, como um primeiro impulso para-a-mudança-que-acabaria-por-vir, muito embora ela só aparecesse mesmo nos tablados quase que nos meados do século. Da mesma penada se transformava o teatro existente ao redor em uma massa disforme, nebulosa ou desinteressante; na verdade, pouco importa o adjetivo que se escolha para qualificar esta lacuna, pois o que se escondia era um teatro fervilhante de opções, multifacetado e dotado de razoável platéia. Portanto, o que estava em cena era algo que a sociedade da época gostava de ver, mas cuja identidade precisa não fomos capazes de traçar até hoje, pois segundo a tradição este teatro seria uma linha de reticências, como outrora afirmara Machado de Assis. Era necessário que o teatro manifestasse um projeto de elevação, fosse um ato de civilização ou parte de um processo civilizatório para que pudesse merecer o reconhecimento de seu mérito pela posteridade.

Diante deste simplismo, Marta Metzler construiu uma outra opção de leitura sem hesitação. Em primeiro lugar, buscou situar o que seria o teatro europeu – e norte-americano – ao ar livre, em seguida cuidou de indicar as condições em que se deu o Teatro da Natureza organizado em Lisboa e que precedeu o do Rio de Janeiro, para a seguir expor as condições de produção, a concepção estética e a crônica propriamente dita relativas aos espetáculos encenados no Campo de Santana, inclusive apontando a conexão entre Lisboa e Rio de Janeiro, descuidada pelos historiadores que a precederam. A proposta foi realmente a de "destrinchar essa trajetória", tarefa da qual a autora se desincumbe com maestria.

Em sua origem, a pesquisa foi desenvolvida para a redação de dissertação de Mestrado em teatro – no entanto, o trabalho realizado ultrapassou as dimensões institucionais previstas, pois foi um trabalho original, dedicado a um tema inédito, particularidades que não são características do grau em questão. Além disso, deve ser observada a sagacidade da pesquisadora, uma hábil analista de documentos e dados históricos, capaz de escrever a melhor história, aquela que nos traz para pensar o próprio presente. Assim, pensar o Teatro da Natureza foi um desafio que levou a perguntas ainda hoje na ordem do dia – perguntas relativas à nossa dependência cultural frente ao estrangeiro, associáveis ao gênero de leitura que fazemos dos "modelos importados", ligadas às dinâmicas que tratamos de propor em relação ao que poderia ser "tradição" e "inovação".

A autora aponta com curiosidade a aproximação clara existente entre o Teatro da Natureza, pretenso revolucionário, e a rotina do palco brasileiro do início do século, uma ligação que de certa forma a tradição historiográfica esteve preocupada em não ver, para que se pudesse atribuir um tom de inovação ao Teatro da Natureza. Vale, então, fazer perguntas longas. Cercado de humor, com uma profusão de revistas, mágicas, comédias, farsas, burletas, dramalhões e operetas ao seu redor, em que medida o teatro grego (ou qualquer outro teatro que fosse, por presunção "mais elevado", não importa tanto a sua origem, ainda que o "fato grego" fosse dado importante da época...), possível para o Campo de Santana (destaque-se: o antigo Rocio de tantas festas de barraquinhas e arraiás de há pouco) não teria que ser alguma coisa que se aproximasse da lição do cômico enquanto namoro com o presente ou que ao menos se aproximasse de uma forma de expressão dos sentimentos em que as pinceladas largas, os tons fortes e rápidos seriam os mais estimados?

Ao usar a sua lente de estudiosa para trazer o Teatro da Natureza para mais perto de nós, Marta Metzler nos presenteia também com um convite irrecusável, o convite para pensar nossa maneira peculiar de ver o mundo, produzir cultura e arquitetar as dinâmicas de nossa sensibilidade. De certa forma, nas linhas que escreveu está presente o teatro de uma natureza chamada Brasil; é essencial conhecê-lo.

Tania Brandão

Introdução

Édipo Rei, personagem-título da tragédia de Sófocles, inicia sua trajetória na peça gozando o *status* de herói: "te julgamos o melhor dos homens [...]. Outrora libertaste a terra do Rei Cadmo do bárbaro tributo que nos era imposto pela cruel cantora" – diz-lhe o Sacerdote[1]. Édipo "devolveu a vida" a Tebas ao derrotar a Esfinge, que devorava todos aqueles que não decifrassem seus enigmas. Por este feito, recebeu o trono de Tebas e Jocasta como esposa. Quando a peça começa, a cidade se encontra diante de nova aflição. O Sacerdote, porta-voz dos cidadãos tebanos, recorre então ao soberano para que ele libere a cidade da peste que dizima sua gente, da esterilidade que aniquila suas terras, seus rebanhos. Para purificar e recuperar o equilíbrio de Tebas, o oráculo declara que Édipo deverá banir da cidade o assassino de Laio, antigo rei do país: a presença do criminoso em Tebas é a causa de todo infortúnio. Segue-se, então, uma investigação que desencadeará uma sucessão de revelações acerca da nacionalidade, da filiação, da identidade de Édipo: ele, que acredita ter nascido em Corinto, é, no entanto, tebano; que crê ser filho de Pôlibo e Mérope, é, no entanto, filho de Laio e Jocasta. E ainda: é ele próprio o assassino que procura – seu fim como tirano, portanto, purifica a cidade.

Édipo Rei foi uma das peças adaptadas e montadas pelo Teatro da Natureza brasileiro. O projeto, que propôs apresentar espetáculos tea-

---

1. Sófocles, "Édipo Rei", *A Trilogia Tebana*. Tradução do grego e apresentação Mário da Gama Kury, p. 22.

trais ao ar livre no Rio de Janeiro de 1916, tem, com o protagonista da tragédia de Sófocles, alguns traços em comum.

Em *O Teatro no Brasil*, J. Galante de Sousa apresenta o Teatro da Natureza realizado no Brasil como "uma série de espetáculos ao ar livre, à semelhança do que se fazia na Europa, no Teatro Livre de Orange, em Nimes e noutras partes"[2]. Gustavo A. Dória, em *Moderno Teatro Brasileiro: Crônica de suas Raízes*, apresenta-o como "uma série de apresentações ao ar livre, a exemplo do que acontecia na Europa"[3]. A bibliografia não aponta, entretanto, o que efetivamente seria isto que se fazia na Europa, por que ou como se fazia, nem tampouco que tipo de semelhança haveria entre as produções européias e a realização brasileira. Tomando o caminho de volta à Europa, verifica-se, conforme expõem Sheldon Cheney em seu *The Open-Air Theatre* e Silvio D'Amico em *Historia del Teatro Universal*, que o início do século XX assiste a um movimento largamente difundido e bem-sucedido, não só na Europa, mas também na América, de se montar espetáculos ao ar livre. A partir de países como França, Alemanha, Dinamarca, Suíça e Estados Unidos, o Teatro da Natureza chega a Portugal e finalmente *naturaliza-se* brasileiro após ser trazido por um português. Destrinchar essa trajetória é fundamental para entender seu processo de *naturalização*, entender o que acontece com esse estrangeiro depois de tantos deslocamentos até tornar-se *brasileiro*. Nacionalidade difusa que precisa ser elucidada; origens que precisam ser esclarecidas.

Sua paternidade, igualmente, carece de esclarecimento. Cada autor apresenta um idealizador diferente para o projeto. Alexandre de Azevedo, Cristiano de Sousa, João do Rio, Itália Fausta, todos aparecem como pais da idéia. A busca de suas origens, bem como uma investigação que vá diretamente às fontes primárias de informação deverão revelar o nome do verdadeiro *culpado*.

Como a Édipo, ao Teatro da Natureza cumpre investigar sua identidade. Édipo busca um outro e encontra a si; parte em busca de si e encontra um outro: o tirano de Tebas procura o assassino de Laio e se descobre objeto de sua própria investigação; segue então em busca de sua identidade e se descobre outro – filho de outrem. O Teatro da Natureza, o que era e o que queria, afinal, esse teatro? Era uma produção que utilizava o termo *encenação* para a atribuição de Alexandre de Azevedo; este, porém, que acumulava também as funções de chefe da companhia e ator principal, concebia a cena *a priori*: criava-se primeiro o guarda-roupa para depois escolher o repertório. Propunha um espaço aberto, monumental, com apresentações para dez mil pessoas e, entretanto, mantinha a concepção cenográfica das salas de espetáculo fecha-

---

2. J. G. de Sousa, *O Teatro no Brasil*, p. 239.
3. G. A. Dória, "Os Precursores", *Moderno Teatro Brasileiro: Crônica de suas Raízes*, p. 9-10.

das. Tinha um *encenador* cuja referência estética era francesa, mas não Antoine, que estivera anos antes no Brasil, e sim a companhia de Mounet-Sully, a Comédie Française. Tinha como principal adaptador dos textos Coelho de Carvalho, autor que, por sua vez, dizia ter como referências Ibsen e o naturalismo, e que anunciava sua adaptação de *Édipo Rei* como tragédia em quatro atos e quatro quadros. Montou uma *Antígona* com os coros cortados e dividida em três atos. As personalidades alçadas ao porte de estrelas eram os atores; consagrados pelo sucesso dos espetáculos eram os autores. A crítica focalizava as atuações e os textos; pouco se falava da cena, a não ser para descrever os cenários. Em sua própria concepção, o Teatro da Natureza brasileiro enreda-se numa trama de contradições. São muitos conceitos misturados, o que caracteriza a ausência de um projeto estético definido. O que se deseja aqui é tentar esgarçar essa trama, para que se ilumine o seu caráter.

Alguns autores, como Gustavo A. Dória, atribuem ao Teatro da Natureza o papel de "precursor" do teatro moderno brasileiro. O termo "precursor" é em si inadequado para qualificar um fato histórico, uma vez que imprime uma perspectiva futura ao fato, isto é, percebe o acontecimento a partir de referências que não lhe pertencem, mas que lhe são posteriores. Além disso, é uma palavra que pode sugerir que um certo fato esteja "à frente do seu tempo", quando todo acontecimento só pode ser fruto de seu próprio momento histórico: um conjunto de práticas, de pensamentos e de outros acontecimentos se relacionam, permitindo seu aparecimento, que só poderia se dar naquele tempo, naquele lugar. Ainda que o Teatro da Natureza tenha um caráter excepcional e distinto de tudo o que se praticava no teatro de então, sua realização só foi possível e obteve a força que apresentou, porque respondeu a um desejo que era alimentado pela classe teatral há algum tempo. Teria surgido para *salvar* o teatro nacional da *peste* que o assolava: o teatro ligeiro – alguns autores, atores, ensaiadores e críticos vinham empreendendo um esforço em prol de uma "recuperação" do teatro nacional, que consideravam degenerado pelas operetas, burletas, mágicas e revistas. O Teatro da Natureza vem ao encontro desse esforço; e aqui se coloca a hipótese que norteia este estudo: o Teatro da Natureza converge não para um projeto modernista, mas para o renascimento do então chamado "teatro sério" no Brasil, cujo repertório se calcava na comédia de costumes e no drama, e cujas bases cênicas se assentavam firme e convictamente sobre as práticas daquilo que os modernos nomearam "teatro brasileiro antigo". É a verdade desse teatro que mais se aproxima do ideário estético dos empreendedores do Teatro da Natureza: Alexandre de Azevedo, a partir de então, investirá, como empresário, numa companhia de comédia; alguns dos principais atores envolvidos, da mesma forma, atuarão nesse tipo de espetáculo. O Teatro da Natureza, que, como projeto teatral, carrega a tensão do moderno que não é moderno, termina rápida e *tragicamente*, alinhando-se com a *purificação* do teatro de então.

A repercussão do Teatro da Natureza junto ao público também o distingue do contexto teatral carioca do período e aponta para a virada que o teatro nacional ensaiava. Embora haja relatos de que a "pobreza" ficara de fora do evento e apesar de o público-alvo dos espetáculos ser, declaradamente, a elite, o número significativo de espectadores do Teatro da Natureza – aproximadamente cem mil pessoas em dez noites, num Rio de Janeiro com aproximadamente um milhão de habitantes –, bem como a disposição diferenciada dos assentos, permitem supor a heterogeneidade da platéia, o que produziria um certo apagamento da linha divisória que separava as classes sociais cariocas segundo os tipos de produção teatral. A elite brasileira não freqüentava as produções nacionais. O clamor pela recuperação do teatro de então incluía não só o fazer teatral, mas reclamava também a formação de uma platéia brasileira. O Teatro da Natureza teria conseguido levar esse público a seus espetáculos, público que já começara a insinuar interesse pelas produções nacionais e que seguiria freqüentando as platéias das companhias constituídas por artistas brasileiros.

Pelo alcance de sua realização, por sua repercussão e seus efeitos, pela relevância que os profissionais envolvidos têm, individualmente, para a cena nacional, e, por outro lado, pela importância que teve na carreira desses profissionais, o Teatro da Natureza brasileiro é, com todas as suas contradições, um dos empreendimentos mais significativos do início do século XX.

Este trabalho busca estabelecer sua história. Para isso, em primeiro lugar, foram expostas algumas das idéias e realizações teatrais daquele momento histórico, no mundo e no Brasil, que – entende-se aqui – eram relacionáveis ao objeto de estudo. Em seguida, o Teatro da Natureza brasileiro foi abordado em seus elementos constitutivos, tais como os textos montados e a concepção de cena; o elenco participante e as atuações; a configuração do palco, os cenários e os figurinos; a música; os motivos do seu fim. Posteriormente, foi então analisada sua repercussão, para pensar seu sentido histórico.

No caso de citações de obras em língua estrangeira, a opção adotada foi apresentar as traduções instrumentais da autora no corpo do texto, com o objetivo de tornar a leitura mais fluente. Já as citações dos textos brasileiros anteriores ao sistema ortográfico atual – estabelecido pelo Acordo de 1943 e alterado pela lei n. 5.765, de 1971 –, bem como as dos textos portugueses, foram transcritas em sua grafia original, na expectativa de aproximar o leitor do *clima* da investigação.

1. As Origens

> *Édipo – Eis minha origem, nada poderá mudá-la.*
> *Não há razões para deixar de esclarecê-la*[1].

Teatro da Natureza e *Édipo Rei*. Duas histórias que se entrecruzam, e não é só pelo lado de dentro da história que se tocam, também se aproximam do ponto de vista da forma – forma espetacular original. O Teatro da Natureza se inspira no teatro grego antigo para criar seu espaço cênico. Aqui se deve começar a distinguir o Teatro da Natureza, com maiúsculas, do teatro da natureza internacional. Teatro da Natureza foi o nome dado à experiência de teatro ao ar livre empreendida no Rio de Janeiro, em 1916. Foi um teatro instalado no Campo de Sant'Anna, que, dada a curta duração de seu funcionamento, caracteriza-se mais como um evento do que como uma construção de um novo espaço para a cidade. Foram seis peças, cada uma com poucas récitas, apresentadas ao longo de quatro meses. Fazendo-se um deslocamento negativo no tempo, reencontramos a expressão nomeando o mesmo tipo de experiência na Lisboa de 1911, onde o evento é ainda mais curto, sendo apresentadas cinco peças em dois meses. Persiste-se na trajetória e se descobre que *Teatro da Natureza* já não é nome próprio, não é nome de um evento ou de um teatro específico, mas denomina um dos tipos de edifício tea-

---

1. Sófocles, "Édipo Rei", *A Trilogia Tebana*, p. 76.

tral característico daquilo que o historiador Sheldon Cheney chamou de "movimento do teatro ao ar livre". Neste último caso, trata-se, diferentemente, de espaços instalados em parques e campus universitários; teatros com um projeto artístico e social definido, que estiveram em voga nos primeiros anos do século XX e que conseguiram se manter, produzindo com regularidade até o final da década de 1930, apesar de terem que suspender as atividades durante o inverno.

O Teatro da Natureza brasileiro espelhou-se no evento português homônimo, que, por sua vez, teve como referência o chamado "movimento do teatro ao ar livre". Antes de analisar a realização brasileira, objeto deste trabalho, será seguido o percurso de volta às suas "origens", começando-se por procurar entender o que queria o movimento do teatro ao ar livre internacional; em seguida, será feito um pequeno estudo do Teatro da Natureza português e uma breve avaliação da vida social e cultural do Rio de Janeiro do período. Então, a partir das reflexões levantadas, a história do Teatro da Natureza brasileiro se estabelecerá.

DE LONGES TERRAS: O TEATRO AO AR LIVRE INTERNACIONAL

Duas obras são especialmente importantes para investigar o teatro ao ar livre internacional, pois tratam especificamente do tema: a edição de junho de 1913 da revista norte-americana *The Play-book* e o livro *The Open-Air Theatre*, do historiador também norte-americano Sheldon Cheney.

A revista mensal *The Play-book*, editada pela Wisconsin Dramatic Society, dedicou o número de junho de 1913 ao que chamou *Open-Air Theatre*, em que nomeia, define e analisa o novo tipo de teatro. O anúncio da edição diz:

> A *Play-book* de junho será uma edição sobre o Teatro ao Ar Livre.
> Pode não ser amplamente sabido que o próximo passo na utilização de nossos parques públicos nos levará além do atletismo e lançará as apresentações dramáticas comunitárias. Várias cidades estão se preparando para isso projetando teatros ao ar livre.
> Vamos falar sobre esses projetos. Paralelamente, vamos discutir algumas questões e teorias acerca deste novo tipo de teatro americano: seu tamanho; sua forma; os tipos de peças a serem apresentadas; as teorias da ilusão; o uso da voz.
> Haverá algumas figuras e esboços.

A revista restringe seu estudo ao teatro ao ar livre americano. Essa edição, assinada por Thomas H. Dickinson, professor da Universidade de Wisconsin, e colaboradores, foi uma das fontes de consulta que Sheldon Cheney usou para escrever seu *The Open-Air Theatre*. Há uma diferença radical entre essas duas obras, no tocante à abordagem do tema. Dickinson analisa alguns teatros abertos norte-americanos com a intenção de definir um modelo ideal de edifício, assim como um modelo de dramaturgia para o ar livre. Faz um estudo minucioso das construções, mas objetivando oferecer uma "cartilha" do ar livre. A obra de Cheney, escrita durante o ano de 1915 e publicada em 1918, é bem mais abrangente, pretendendo "dar uma visão do teatro ao ar livre de todas as épocas e todos os lugares e, por comparação, ajudar na compreensão das características peculiares e problemas particulares da produção ao ar livre". Cheney procurou descrever todos os espaços que se destacaram no início do século XX, seja por suas produções, seja por sua forma estrutural, cobrindo tanto as construções norte-americanas quanto as européias. Como sua descrição, acompanhada de significante iconografia, apresenta uma pluralidade de tipos de construção, todos com intensa atividade de produção, e como Dickinson aceita apenas um desses tipos, o livro de Sheldon Cheney foi adotado como referência para o estudo do teatro ao ar livre internacional. A revista *The Play-book* funcionou como reiteração para o trabalho de Cheney e como importante complementação, sobretudo no que se refere ao projeto social do teatro ao ar livre.

Segundo Sheldon Cheney, havia, no início do século XX, um ressurgimento do teatro ao ar livre tão expressivo que se poderia considerá-lo um "movimento". Cheney estuda os teatros grego e romano antigos, o teatro religioso medieval, e relaciona "o passado histórico do teatro ao ar livre com seu notável renascimento". Para o autor, esse renascimento teria aparecido espontaneamente como correção a uma vida artificial e como protesto contra a super-sofisticação das salas de espetáculo. Teria aparecido não como uma recuperação arqueológica, mas para atender a então latente necessidade de uma estrutura ao ar livre. Cheney considera que sempre o teatro mais simples, mais genuíno e mais voltado para a vida do povo apresentou-se ao ar livre: dois grandes períodos se destacaram na literatura dramática, quando se realizavam as produções a céu aberto – a antigüidade clássica e a era elisabetana. O movimento, portanto, fenômeno de amplitude mundial inspirado no espírito da Grécia antiga e da Inglaterra de Shakespeare, seria certamente o terceiro grande período da produção dramática ao ar livre.

Tomar como referência o teatro grego antigo e o teatro elisabetano foi, de certa forma, uma característica do início do século XX. Teóricos e encenadores de ideais diversos basearam suas reflexões estéticas nesses dois momentos do teatro ocidental. Apesar de o ponto de partida ser o mesmo, os usos que dele se fizeram para pensar o teatro foram bastante distintos, resultando na pluralidade de teorias e propostas cênicas que conviveram no período.

Marvin Carlson, em *Teorias do Teatro*, aponta no capítulo "Os Primórdios do Século XX (1900-1914)" vários textos críticos escritos acerca da tragédia: *The Tragic Theatre* (*O Teatro Trágico*,1910), de William Butler Yeats; *Metaphysik der Tragödie* (*Metafísica da Tragé-*

4   O TEATRO DA NATUREZA: HISTÓRIA E IDÉIAS

dia,1911), de Georg Lukács; *Die Möglichkeit der klassische Tragödie (A Possibilidade da Tragédia Clássica)*, de Paul Ernst; *Zum Phänomen des Tragischen (Sobre o Fenômeno Trágico*, 1915), de Max Scheler; entre outros:

> No começo do século, muitos dos principais dramaturgos e teóricos dramáticos alemães voltaram-se tanto contra o naturalismo como contra o simbolismo para preconizar um retorno aos princípios clássicos e mesmo à forma e à matéria clássica, e Lukács se interessara por suas experimentações. Paul Ernst (1866-1913), Samuel Lublinsky (1868-1910) e Wilhelm von Scholtz (1874-1922) foram os líderes dessa revivescência neoclássica, e foram as peças e teorias de Ernst, o mais conhecido dos três, que serviram de inspiração para o ensaio de Lukács[2].

Na Rússia, Meierhold escreve, em 1907, o texto "As Técnicas e a História", no qual introduz uma nova técnica que chama de "teatro de convenção", calcada no conceito de teatralidade. Numa recusa ao ilusionismo, quer que o espectador não se esqueça de que está no teatro. Substitui o "gesto lugar-comum" pelo gesto construído, pelo movimento dançado numa forma contida, e, para tanto, toma como referência o teatro antigo:

> É necessário um teatro imóvel. Isto não é novidade. Ele existiu. As melhores tragédias antigas: *As Eumênides, Antígona, Electra, Édipo em Colono, Prometeu, Coéforas* são tragédias estáticas. Sem falar de ação material, elas dispensam também a ação psicológica daquilo que se chama o tempo. Elas têm seu eixo no *fatum* e na condição do homem no universo[3].

É a oposição ao realismo que leva os homens de teatro a fazerem o elogio aos clássicos e os tomarem como modelo para suas teorias. É neste contexto que Shakespeare ganha do inglês Gordon Craig um estudo de suas peças. O livro *On the Art of the Theatre*, escrito entre 1904 e 1910 e publicado em 1911, reúne vários textos, entre os quais figuram *Shakespeare's Plays, The Ghosts in the Tragedies of Shakespeare*. Sobre Craig, Marie-Claude Hubert, em seu *Les Grandes Théories du Théâtre*, coloca:

> A arte, investida na Antigüidade da grave majestade do caráter hierático, perdeuse, segundo ele [Craig], desde o Renascimento, na trivialidade medíocre do realismo. Se ele admira profundamente Shakespeare, é porque a presença de espectros, em muitas de suas peças, impede de imediato toda figuração realista[4].

E Hubert acrescenta:

---

2. M. Carlson, "Os Primórdios do Século XX (1900-1914)", *Teorias do Teatro: Estudo Histórico-Crítico, dos Gregos à Atualidade*, p. 319.
3. V. Meierhold, "As Técnicas e a História", *Cadernos de Teatro*, p. 6.
4. M.-C. Hubert, *Les grandes théories du théâtre*, p. 219.

Como os simbolistas ou Craig, muitos autores dramáticos e encenadores europeus, depois deles, queriam devolver ao teatro a força de que era investido nas origens, quando ele mal se distinguia do culto, na Grécia antiga ou na Europa medieval. É assim que Jean Genet, que se mostrou sempre fascinado, como Mallarmé, pelos fastos da liturgia e pela teatralidade dos ritos religiosos, declara, em sua *Carta a Jean-Jacques Pauvert* (1954): "O mais alto drama moderno se exprimiu durante dois mil anos e todos os dias no sacrifício da missa"[5].

Mas não é apenas a dimensão hierática do teatro antigo que se pretende retomar. A discussão estética teatral na Europa, da virada do século XIX para o século XX, gira em torno do conceito de real e de seu lugar na cena. Essa discussão interfere diretamente na questão do espaço cênico.

Nikolay Evreinov, co-diretor do teatro da atriz Vera Komissarzhevsky, funda em 1907 o Teatro Antigo, que

buscava recapturar a consciência teatral de outros tempos, abafados durante o século XIX pelo triunfo do realismo. Ao explicar os objetivos desse empreendimento, ele citava o crítico E. A. Znosko-Borovski (1884-1954), que aconselhava os produtores a estudar as "épocas particularmente teatrais" como antídoto contra o realismo e a tentar a reprodução não só de obras importantes do passado, mas também, na medida do possível, das condições de encenação originais. [...] Assim, Evreinov, como William Poel na Inglaterra e André Antoine na França, procurou realizar encenações de época com platéias apropriadamente trajadas em espaços cênicos convenientes – igrejas, salas de castelos e praças públicas[6].

Meierhold, por sua vez, deseja um espaço cênico tridimensional, que favoreça a concentração do espectador nos movimentos plásticos. Recusa o cenário pintado, por acreditar que o painel bidimensional se choque com a tridimensionalidade dos corpos dos atores e dos objetos de cena tais como mesas, cadeiras, armários. Para que o espectador participe da ação, é preciso ainda que se desfaça a separação entre a cena e a platéia que o palco italiano impõe. O trecho abaixo vale ser transcrito, por ilustrar o interesse de Meierhold na arquitetura teatral antiga:

O teatro de convenção quer destruir os cenários colocados no mesmo plano do ator e dos acessórios; repele a ribalta; subordina o jogo do ator ao ritmo da fala e dos movimentos plásticos; faz renascer o salto; leva o espectador a participar da ação, e assim, não leva à ressurreição do teatro antigo?
Sim, leva a isso. Pela sua arquitetura, o teatro antigo é justamente aquele que possui tudo de que necessita o teatro contemporâneo: ausência de cenários, espaço em três dimensões, necessidade plástica da estatuária.
Sem dúvida, é necessário introduzir nele modificações conforme as exigências modernas. Mas com sua simplicidade, sua orquestra, seus bancos em ferradura para o público, o teatro antigo é o único que poderá acolher o repertório moderno em sua feliz diversidade, assim como peças dos poetas russos e as tragédias de Maeterlinck e tantas outras obras admiráveis da dramaturgia contemporânea que ainda não encontraram seu teatro[7].

5. Idem, p. 225.
6. M. Carlson, op. cit., p. 315.
7. V. Meierhold, op. cit., p. 8.

A cena moderna busca uma nova disposição espacial que lhe seja mais apropriada. A sala de espetáculos fechada com seus cenários "encaixotados" não pode mais se adequar à cena de Meierhold, e é combatida em nome de um espaço arquitetural. A transformação do lugar teatral numa cena aberta e arquitetural é também preconizada por Craig, conforme expõe Hubert no trecho abaixo:

> Em *L'Art du théâtre*, ele [Craig] afirma que a história da arquitetura cênica é a história de uma decadência. Na origem, o lugar teatral era arquitetural e aberto. Na Grécia, o teatro era de mármore, era a igreja que servia de cenário na Idade Média, a *Commedia dell'arte* erguia seus tablados em praça pública ou os encostava em um palácio, o teatro elisabetano era a céu aberto. Mas, mais tarde, o teatro se fechou e a cena se tornou essa "caixa de ilusões" do teatro à italiana, cheia de cenários artificiais. Segundo Craig, se se quer devolver ao teatro sua grandeza passada, é indispensável transformar o lugar teatral e lhe devolver uma cena arquitetural[8].

A artificialidade dos cenários é alvo também das críticas do poeta e teórico russo Valery Bryusov, que, pretendendo um "meio-termo entre o realismo de Stanislávski e o simbolismo de Meierhold", retorna aos gregos e ao teatro elisabetano para repensá-los. Marvin Carlson coloca que, para Bryusov, no texto "Realismo e Convenção no Palco" publicado em *Teatro: Um Livro sobre o Novo Teatro*, de 1908:

> o ator vivo é essencial, e em torno dele deve haver objetos que sejam reais, mas não inoportunos, ilusionísticos ou desarmoniosos. O plano de fundo simples do teatro grego ou as tapeçarias e drapejamentos do teatro elisabetano devem servir de modelo para um teatro que, não sendo nem realista nem convencional, forma um pano de fundo simples para os legítimos donos do teatro – os atores[9].

O cenário elisabetano é evocado também por Jarry[10]. A reprodução naturalista do local onde acontece a cena é substituída pela indicação feita por intermédio de cartazes. Situando-se a cena desta maneira, o espectador ganha a liberdade de imaginar o cenário: "Para a encenação da peça, em que as mudanças de lugar são freqüentes, ele [Jarry]

---

8. M.-C. Hubert. op. cit., p. 221.

9. *Teatro: Um Livro sobre o Novo Teatro* é uma coletânea de artigos e ensaios descrita assim por M. Carlson: "Apesar de ter sido dedicada a Stanislávski, a coletânea *Teatro: Um Livro sobre Novo Teatro* era essencialmente um sumário das preocupações dos principais simbolistas contemporâneos, a maioria dos quais contribuiu para ela. [...] Dominado embora pelo pensamento simbolista, *Teatro* não foi de modo algum uma afirmação estética unificada, já que havia profundas divisões entre os próprios simbolistas". Apud M. Carlson, *Teorias do Teatro*, p. 310-311. Não há indicação bibliográfica da obra. Carlson, entretanto, cita o texto de Bryusov a partir da seguinte publicação, em que o texto foi provavelmente reeditado: Valery Bryusov, "Realism and Convention on the Stage", em: *Russian Dramatic Theory from Pushkin to the Sovietics*, p. 179. Apud M. Carlson, op. cit., p. 312.

10. Alfred Jarry (1873-1907). Dramaturgo e poeta francês, cuja primeira obra, *Ubu Rei*, dirigida por Lugné-Poe, estreou no Théâtre de l'Oeuvre em 1896 e tornou-se um dos espetáculos de referência do nascimento do teatro moderno.

preconiza o uso de cartazes, aos quais se recorria às vezes na cena dos Mistérios ou na época elisabetana"[11].

Em comum, as diversas reflexões acerca da cena têm a recusa do ilusionismo realista, que leva os pensadores a tomar como modelo os espaços cênicos grego antigo e inglês elisabetano. São também estes espaços que servem de modelo para o movimento do teatro ao ar livre descrito por Cheney.

Duas forças levam, segundo Cheney, à retirada da cena das salas fechadas: a busca de uma retomada do valor artístico do teatro e o desejo de que ele exerça um novo papel na sociedade.

O teatro ao ar livre trava um embate direto contra o *star system* e a comédia de costumes. Quer funcionar como "antídoto contra a estreiteza e o estereótipo" da arte dramática, como era vista nos teatros "regulares". Cheney cita a seguinte declaração de Eleonora Duse para evidenciar o repúdio ao teatro comercial vigente:

> Para salvar o teatro, o teatro deve ser destruído, os atores e as atrizes devem morrer todos de peste. Eles envenenam o ar, tornam a arte impossível [...] Deveríamos voltar aos gregos, atuar ao ar livre; o drama está morrendo por causa dos camarotes, dos cubículos e da roupa de noite e de pessoas que vêm digerir seu jantar[12].

Como proposta estética, o movimento do teatro ao ar livre preconiza a retomada da dimensão hierática do teatro antigo:

> O teatro ao ar livre, entretanto, como está livre desta limitação especulativa, já se aproxima, em alguma medida, das condições daquele tempo, em que o drama grego era parte da administração estatal dos assuntos comunitários e uma expressão da religião do povo, e daquele outro tempo em que a igreja desenvolvia o drama como parte de seu ritual. O teatro ao ar livre está devolvendo o drama às mãos do povo como uma força religiosa, e está se tornando um meio de expressão de sua vida espiritual[13].

Se, por um lado, o movimento do teatro ao ar livre contrapõe-se ao teatro comercial, por outro, o caráter elitista adquirido pelos espetáculos simbolistas e por outras experimentações modernas também entra em desacordo com a proposta do movimento, que se pretende democrático.

Os simbolistas recusam a realidade na cena. Cansados da estética naturalista, criam uma cena que refuta a descrição em nome da sugestão. A poesia não apenas se basta, mas sua materialização a degrada. Os cenários, portanto, não podem ser concebidos como uma ilustração do texto. Os simbolistas adotam, então, como cenário, telões pintados que, por meio da abstração da cor, e não da figuração de um lugar

---

11. M.-C. Hubert, op. cit., p. 216.
12. Apud S. Cheney, *The Open-Air Theatre*, p. 8.
13. S. Cheney, op. cit., p. 131-132.

exterior à cena, sugerem a atmosfera do drama. Os simbolistas "erigem em valor supremo a palavra poética. Na cena, eles não vêem tanto o lugar de uma ação dramática, mas um espaço mais ou menos adaptado ao desdobramento dessa palavra"[14]. E vão ainda mais longe. A hipervalorização da palavra, associada ao desejo de ampliar a liberdade de imaginação do espectador, figurando o menos possível o real, leva os simbolistas a negar também a materialização do personagem, o que significa pretender um teatro sem ator:

> Também para Mallarmé como para Maeterlinck a leitura é preferível ao espetáculo, porque a representação entrava o poder da imaginação, que, sozinha, é capaz de recriar o universo concebido pelo autor dramático. É a própria noção de representação que colocam em questão os poetas simbolistas. Ela lhes parece totalmente inútil, e mesmo impossível[15].

Jean-Jacques Roubine salienta, em *Introduction aux grandes théories du théâtre*, que os simbolistas querem excluir o espetacular e mesmo o espetáculo, o que, entretanto, afasta-os do público:

> Os simbolistas, particularmente, não percebem um dos dados capitais do problema: para que um teatro sagrado possa existir, é preciso uma metafísica coletiva, comum à cena e à sala. [...] Privados dessa base, os autores se entregam a uma invenção individual, isto é, arbitrária, de símbolos que não emanam de nenhuma tradição coletiva. Desta forma, a sacralidade degenera em hermetismo[16].

O simbolismo e, por extensão, as experimentações modernas abstracionistas como um todo, quando se propõem a estabelecer uma "convenção" que não é partilhada com o público e que, portanto, não pode ser decodificada por ele, terminam por se configurar elitistas. Nesse momento, aparece o movimento do teatro ao ar livre associado a um projeto social, aplicando a fórmula "arte + entretenimento".

Thomas Dickinson apresenta o teatro ao ar livre como uma atividade que, junto com a atividade física, pode sanar o "problema do lazer" nas grandes cidades, permitindo que se ofereça, a uma grande quantidade de pessoas, um "entretenimento saudável": "Ainda que possa, com propriedade, agradar a poucos, o teatro ao ar livre atinge sua função mais alta quando reúne em massa um grande número de pessoas. A importância disso é grande. As formas de diversão hoje em dia são extremamente individuais"[17].

O valor do teatro ao ar livre, para Dickinson, reside no bem-estar e na saúde social. Ao lado dos jogos esportivos, a atividade dramática constitui-se um lazer da coletividade:

---

14. J.-J. Roubine, *Introduction aux grandes théories du théâtre*, p. 108.
15. M.-C. Hubert, op. cit., p. 214.
16. J.-J. Roubine, op. cit., p. 108.
17. T. H. Dickinson, "Open-air Theatre", *The Play-book*, pp. 13-14.

Essa importância é social e artística e, nos dois sentidos, o teatro ao ar livre oferece valores novos e mais saudáveis. Hoje, o teatro ao ar livre representa muito do que o teatro instituído não pode oferecer, e muito do que a sociedade precisa. Por seu tamanho, o teatro ao ar livre é quase que necessariamente um empreendimento democrático. Por seu caráter, seu uso representa quase que necessariamente uma demanda social espontânea. Por sua natureza, e as condições de seu edifício, ele pertence a todas as pessoas. Conseqüentemente, seu uso não pode cair nas mãos traiçoeiras do especulador na exploração do lazer social[18].

O aspecto social do teatro é valorizado, desejando-se que o teatro não seja o lugar de exibição de jóias e vestidos caros, mas de reunião da coletividade. Dickinson baseia sua defesa desse teatro justamente no elogio de um espaço democrático, mas, assim como Cheney, apresenta um discurso controverso a esse respeito. Cheney fala em "ouvidos treinados", "platéia inteligente". Dickinson defende que esse teatro se dirija a uma platéia "sofisticada":

O princípio da ilusão no teatro ao ar livre do presente deve estar baseado em seu uso por uma assistência urbana sofisticada. E por assistência sofisticada entende-se não somente uma assistência intelectualmente bem treinada, mas também uma assistência que esteja acostumada com os cânones da técnica cênica moderna[19].

Ao mesmo tempo, propõe-se uma disposição democrática da platéia sem distinção entre os assentos, abolindo a divisão em orquestra, balcão e galeria; fala-se em teatro como atividade comunitária:

As possibilidades cívicas do drama do ar livre são ilimitadas. Já se pode observar que enquanto o teatro comercial das salas fechadas existe para afastar as mentes dos homens de seu trabalho e oferecer descanso numa diversão inerte, o teatro ao ar livre não somente oferece descanso, mas estimula os homens a uma nova realização e a novos ideais. O mundo precisa do teatro das salas fechadas de uma forma mais sadia e mais vital do que essa em que se encontra no momento; e em duas particularidades a forma vai, indubitavelmente, ser mudada gradualmente depois do modelo do teatro ao ar livre: o edifício se tornará mais democrático, sem camarotes e com bons assentos para todos; e o drama apresentado será mais ligado à vida do povo. Mas restará sempre essa diferença: o drama das salas fechadas é inevitavelmente a arte de poucos – apesar de planejada, talvez, para estimular, emocionalmente, muitos – ao passo que o drama do ar livre é diferentemente social, comunitário e nacional[20].

A contradição não se desfaz, mas, de fato, as produções do teatro ao ar livre atingem números verdadeiramente grandiosos com relação à sua assistência. Cheney relata, por exemplo, que uma das produções do Forest Park, em St. Louis, onde havia lugar para quarenta e cinco mil espectadores, teve um público de mais de cem mil pessoas em uma de suas apresentações[21].

18. Idem, p. 7.
19. Idem, p. 8.
20. S. Cheney, op. cit., p. 130.
21. Idem, p. 82.

Thomas H. Dickinson define o teatro ao ar livre como:

um pedaço de terra que disponha de um lugar para uma assistência e um palco para apresentações dramáticas. Pode ser um anfiteatro natural em um declive, ou uma clareira em um bosque, ou um lugar abandonado no meio de uma campina. Pode ser absolutamente intocado pela mão do homem, ou pode ser construído de alvenaria e concreto com um custo de meio milhão de dólares[22].

Uma divisão esquemática do teatro ao ar livre em três categorias, segundo suas características estruturais, é proposta por Cheney:

1. Teatros puramente arquiteturais, geralmente do tipo clássico: grandes estruturas de pedra ou concreto com o fundo do palco maciço. Ex: teatros gregos e romanos antigos, Arena Goldoni (Florença) e Hearst Greek Theatre (Berkeley).

2. Teatro da Natureza ou Teatro de Floresta: o oposto do tipo arquitetural; geralmente é meramente um lugar aberto num bosque ou numa encosta, com um fundo idílico natural, enquanto a platéia normalmente é nada mais que uma ladeira ou campina, sem a interferência artificial de assentos construídos. Ex: Teatro do Monte Harz (Thale, Alemanha) – o mais conhecido da Europa –, e o teatro ao ar livre de Hertenstein (perto de Lucerne, Suíça). Os mais importantes da América são o de Peterborough (New Hampshire) e o Teatro Bohemian Grove (Califórnia).

3. Teatro de Jardim, tipo intermediário entre os outros dois, que utiliza árvores e arbustos da natureza como fundo, mas que freqüentemente apresenta características arquitetônicas incidentais, como pérgola, treliças, paredes de pedra e escadas. Ex: teatros dos jardins das casas de campo italianas (exemplos históricos mais notáveis); Mannheim (Alemanha) e Mt. Kisco (Nova York) – típicas adaptações modernas.

O teatro de jardim se distingue dos dois outros tipos por ser pequeno: "Enquanto os teatros gregos ou arquiteturais e os teatros da natureza acomodam quatro ou cinco mil ou mais pessoas sentadas, o teatro de jardim, mais modesto, se contenta em acomodar poucas centenas"[23]. Seu tamanho favorece uma certa intimidade com o público: "No teatro de jardim há um sentimento de isolamento das vulgaridades do mundo, que cria uma intimidade nova e deliciosa entre atores e espectadores. Nenhuma mudança de posição, nenhuma nuance de significado, nenhuma expressão física, nenhuma meia-palavra é perdida"[24].

22. T. H. Dickinson, op. cit., p. 5.
23. S. Cheney, op. cit., p. 88.
24. Idem, p. 120.

Figura 1: Arena Goldoni, Florença, Itália – tipo arquitetural.

Figura 2: Hearst Greek Theatre, Berkeley, EUA — *tipo* arquitetural.

Figura 3: Teatro do Monte Harz – tipo da natureza. *Thale, Alemanha. Duas vistas.*

Figura 4: Uma produção no Teatro Bohemian Grove – tipo da natureza. Califórnia, EUA.

AS ORIGENS 15

Figura 5: Teatro de jardim na fazenda de Henry E. Bothin. Montecito, Califórnia, EUA (cópia dos teatros de casas de campo italianos).

Figura 6: Teatro em Mannheim, Alemanha – tipo de jardim.

Havia, ainda, um tipo misto: "alguns dos teatros da natureza aproximam-se do teatro de jardim, quando são pequenos e mais ou menos fechados, ou quando têm palcos construídos mais ou menos arquiteturalmente para saídas e entradas convencionais"[25]. Cheney diagnostica:

> A maior parte dos teatros da natureza europeus tem alguns aspectos característicos do teatro de jardim, provavelmente porque o produtor europeu ache mais difícil escapar das tradições do teatro das salas fechadas como fizeram os americanos em Peterborough, e no Bohemian Grove, e no Mount Tamalpais[26].

O teatro da natureza de Hertenstein e o Klampenborg Woods Theatre são dois exemplos de teatro misto, conforme se pode observar nas figuras a seguir:

25. Idem, p. 119.
26. Idem, ibidem.

Figura 7: Teatro da natureza de Hertenstein, Suíça.

Figura 8: Teatro do Bosque Klampenborg, perto de Copenhagen, Dinamarca.

Quanto ao repertório, havia uma disputa entre os produtores na tentativa de definir o melhor tipo de peça para se encenar a céu aberto. Cheney, entretanto, não toma o partido de uma única dramaturgia para o ar livre, mas associa, a cada um dos três tipos de edifício, um tipo de produção específico. E explica a disputa:

> A diferença de opinião resulta da falta de compreensão de que há vários tipos distintos de teatro ao ar livre, cada um com suas limitações e vantagens individuais. Todo estudo do drama do teatro aberto poderia ser prefaciado pela declaração de que nenhum teatro ao ar livre pode abrigar adequadamente mais de um dos vários tipos distintos de produção[27].

Estabelece, primeiramente, os textos que não podem ser levados nos teatros abertos:

> O produtor pode levar ao ar livre apenas o tipo de peça que pode agüentar a clara luz branca do dia; a peça "white-slave"[28], o melodrama bombástico e a íntima comédia de costumes revelam muito claramente, ao ar livre, seus elementos de artificialidade[29].

Em seguida, expõe os tipos de peça que seriam adequados para o ar livre:

> pode-se identificar facilmente três tipos distintos de produção para o ar livre: primeiro, a peça simples, imponente, de ação concisa e grande significação espiritual, das quais as tragédias gregas são os exemplos mais perfeitos; segundo, a peça que depende principalmente da beleza sensual da linha e da massa e da cor, o drama do movimento decorativo, das quais as formas mais dramáticas do *pageant*[30] e da dança são típicos; e terceiro, o drama rico em bela poesia, a peça na qual uma história imaginária é engrandecida com a beleza da linguagem e do poema incidental e da fantasia do pensamento[31].

---

27. Idem, p. 111-112.
28. Nome dado às peças de cunho melodramático em que se mostram as condições precárias de vida de certa camada social norte-americana, especialmente dos imigrantes.
29. S. Cheney, op. cit., p. 112.
30. Silvio D'Amico, ao tratar da Idade Média inglesa, dá uma definição completa do *pageant*: "Ao lado dos espetáculos sacros apresentavam-se outros de caráter profano; às vezes, os dois tipos de espetáculos se mesclavam [...]. Espetáculos típicos da Idade Média inglesa foram os chamados *pageants*. No princípio esta palavra indicava os quadros dos dramas sacros e, por extensão, o cenário onde estes eram representados (que era fixo ou, mais amiúde, móvel, com rodas); cada grupo de artistas tinha seu *pageant*, ou cenário (em dois planos [...]). Com o correr do tempo, estes *pageants* de tema religioso foram substituídos por algo parecido com os 'triunfos' italianos, alegóricos ou mitológicos [...]. Chamou-se então *pageant* a uma espécie de procissão triunfal, que entre o final da Idade Média e o começo do Renascimetno foi cada vez mais freqüente nas ocasiões de festas públicas, bodas reais, recepções solenes etc. Estes quadros vivos e representações mudas de feitos históricos, míticos ou alegóricos tomaram pouco a pouco, ao calor da praça pública, um caráter de pantomina ou mesmo de breves cenas dialogadas". S. D'Amico, *Historia del Teatro Universal*, p. 381-383.
31. S. Cheney, op. cit., p. 113.

Os três tipos de drama associam-se, respectivamente, aos três tipos de teatro:

> As tragédias gregas, logicamente, são perfeitamente apropriadas para a produção no palco maciço, de beleza austera, do teatro clássico; a peça do tipo *pageant*, em que o movimento e a dança e os belos figurinos são mais importantes que a história ou a riqueza de linguagem, é caracteristicamente a peça do teatro da natureza, com seu largo fundo de árvores ou campina ou água, e seu auditório de máxima abertura; ao passo que a peça poética é tipicamente a peça do intimista teatro de jardim, no qual todo som sutil e expressão facial delicada, e toda nuance de pensamento e sentimento têm seu pleno efeito[32].

Não há uma nova concepção dramatúrgica para o ar livre, mas a adaptação de uma dramaturgia preexistente. Sobre isto, Silvio D'Amico, no trecho de seu *Historia del Teatro Universal* que trata da "voga dos grandes teatros e, mais ainda [...], dos espetáculos ao ar livre" – moda que, tendo começado antes da Primeira Guerra, teria alcançado o auge entre 1918 e 1939[33] –, coloca:

> Ninguém ignora o êxito real de tais iniciativas, hoje bem sucedidas em todos os países da Europa; já fazem parte dos hábitos sociais de uma época acostumada às competições desportivas, à vida ao ar livre, às grandes concentrações, aos cortejos, aos ritos em espaços enormes. Mas seria prematuro assegurar que desta prática, ainda recente, tenha surgido um novo drama[34].

O cenário do teatro ao ar livre deve ser simples, pois "toda a falsa perfeição do detalhe realístico e toda a extravagância do telão e da pintura e do ouropel, que marcaram a cena recente das salas fechadas, mostram-se duplamente fúteis na criação da ilusão do ar livre"[35]. Aqui aparece a questão da ilusão no teatro ao ar livre, que, a princípio, parece também um tanto controversa. Em seu ensaio, Thomas H. Dickinson afirma:

> Não deve parecer que o uso do teatro ao ar livre vá operar grandes mudanças no sistema de ilusão e técnica em uso atualmente no teatro. O teatro ao ar livre vai descobrir novos meios e expedientes para a prática dessa técnica, e vai, desta forma, enriquecer uma arte que tornou-se formalizada, sem modificar os princípios dessa arte.
> O que o teatro ao ar livre deve fazer de mais importante é combinar a utilização da natureza como meio e fundo da expressão dramática com tudo o que foi aprendido sobre ilusão no teatro ao longo de séculos de experiência[36].

Cheney, entretanto, fala em sugestão:

---

32. Idem, p. 113-114.
33. S. D'Amico, op. cit., p. 23.
34. Idem, p. 26.
35. S. Cheney, op. cit., p. 122.
36. T. H. Dickinson, op. cit., p. 8.

Deste modo, uma única parte do fundo *plástico*, ou um único objeto cênico visto em sua própria materialidade e não como uma figura pintada, podem evocar na mente do espectador a atmosfera exata exigida pela ação; ao passo que a coleção usual de cenas pintadas em telões e objetos cênicos falsos podem, no máximo, imitar a realidade exterior de um lugar, e nunca sua sutil atmosfera[37].

Sugerir uma atmosfera, para Cheney, não leva a uma cena abstrata, mas significa limpar o palco dos excessos decorativos. A sugestão não descarta a ilusão, mas, ao contrário, serve a ela: "No drama do ar livre, mais que em qualquer outro tipo, a sugestão é o único método pelo qual a ilusão artística verdadeira pode ser alcançada"[38].

Na "teoria do teatro ao ar livre" de Thomas Dickinson, a natureza como cenário supera qualquer criação humana: "em versatilidade e em fidelidade ao modelo, em variedade de respostas a uma dada exigência, nenhuma cor ou linha gerada pela mão humana pode competir com a natureza, se ela for empregada apropriadamente"[39]. A natureza nunca erra e se adapta como camaleão à ação. "Seria impossível para um passarinho cantar em um momento errado em *As You Like It*"[40]. O diretor desse tipo de espetáculo dispõe de um material infinito e deve estar consciente de que a natureza lhe é superior: "O diretor de uma peça apresentada ao ar livre tem a agradável sensação de trabalhar com poderes que estão além dele, poderes que irão produzir belezas superiores à sua idéia"[41]. Por isso, Dickinson aceita apenas o teatro da natureza e neste ponto afasta-se de Cheney. O autor aponta como grande descoberta do teatro ao ar livre moderno o uso da natureza como pano de fundo. A substituição da parede de fundo rígida do teatro grego pelo fundo natural é, para Dickinson, a grande mudança moderna do teatro ao ar livre. Os gregos, assim como os romanos, teriam erigido paredes na parte de trás de seus teatros para encobrir a vista e o fizeram, segundo o autor, por serem primitivos demais para saber dispor da natureza:

Um século sofisticado e um povo sofisticado sempre descobrem a natureza. A descoberta, portanto, da natureza como um meio dramático é naturalmente recente. Ela sucede o desligamento entre o homem e a natureza e o seu conseqüente estudo mais aprofundado, bem como o uso que se faz dela[42].

Dickinson extrai do livro *The Bohemian Jinks*, de Porter Garnett, a descrição do teatro do Bohemian Club, o Bohemian Grove Theatre,

37. S. Cheney, op. cit., p. 123. Grifo do autor.
38. Idem, ibidem.
39. T. H. Dickinson, op. cit., p. 12.
40. Idem, ibidem. O autor argumenta, utilizando como exemplo *As You Like It*, comédia de William Shakespeare, que tem muitas de suas cenas localizadas na Floresta de Arden e que, por este motivo, encontraria na natureza seu cenário ideal.
41. Idem, ibidem.
42. Idem, p. 11.

localizado na Califórnia. O seguinte trecho dessa descrição ilustra o posicionamento da orquestra:

> O palco fica situado no pé de uma ladeira arborizada e, como já foi dito, é constituído por troncos de árvores enormes que formam um proscênio natural. Na frente, há um fosso de orquestra grande o suficiente para acomodar os cinqüenta ou mais músicos empregados na produção[43].

Nessa descrição também são apontadas as possibilidades de uso do espaço:

> A ladeira levanta-se abruptamente a partir da parte de trás do palco, e nela há uma série de plataformas completamente camufladas pela folhagem, onde partes da ação podem acontecer. O palco, ou grupo de palcos, que pede e admite tratamentos diferentes de todos os outros, distingue-se principalmente pelo que se poderia chamar seu caráter vertical. Nele, a ação pode acontecer não em uma, duas ou três alturas, mas em dez ou mais, se necessário[44].

Assim como a peça e o cenário, o ator do ar livre deve se afastar da artificialidade das salas fechadas e "viver" seu papel. Porque a *star* depende de sua popularidade num momento de clímax emocional da peça, sendo, este tipo de momento, repudiado pelo teatro do ar livre, e, também, devido ao *star system* ser antidemocrático, "parece [...] que o *star system* [...] está particularmente fora de lugar no ar livre"[45].

Quanto ao uso da voz, Dickinson coloca, ainda na descrição do Bohemian Grove Theatre:

> A ladeira é um anteparo natural para o som e a acústica do lugar é tão boa que palavras pronunciadas num tom normal do ponto mais alto da trilha por uma pessoa cuja voz tenha um poder de alcance comum podem ser ouvidas claramente do fundo da platéia[46].

A companhia de atores do ar livre mais conhecida foi a montada por Charles Douville Coburn, que, de abril a agosto de cada ano, atravessava o leste e o meio-oeste americano, apresentando-se em universidades, escolas e clubes de campo. Seu repertório incluía comédias e tragédias de Shakespeare – *As You Like It, Twelfth Night, The Merry Wives of Windsor, Hamlet, Romeo and Juliet, Othello* –; clássicos gregos, notadamente Eurípedes – *Electra, Iphigenia in Tauris*, entre outras.

A companhia, em acordo com os pressupostos do teatro ao ar livre, rejeita a característica do divismo de tomar o texto como pretexto:

---

43. Idem, p. 17.
44. Idem, ibidem.
45. S. Cheney, op. cit., p. 127.
46. T. H. Dickinson, op. cit., pp. 17-18.

A companhia foi organizada com a intenção declarada de abolir os males do divismo, apresentando-se a peça por seu próprio valor, com interpretação adequada, mas sem hiperenfatizar uma determinada parte. As peças foram escolhidas com a intenção de fazer das produções algo mais que meros entretenimentos[47].

A constância das atividades da companhia abaliza sua importância:

Muitas comunidades anseiam pela visita da Coburn Players como um dos eventos artísticos do ano e essa companhia talvez tenha feito mais que qualquer outra para estabelecer a produção ao ar livre como uma parte permanente da vida dramática na América[48].

Assim aconteciam as apresentações ao ar livre na Europa – e também na América –, de que fala a historiografia teatral brasileira. Cheney descreve, minuciosamente, a estrutura e as produções de nove teatros arquiteturais, vinte e um teatros da natureza e dezenove teatros de jardim, além dos festivais teatrais a céu aberto[49]. Não há qualquer menção, no texto de Sheldon Cheney ou no de Thomas H. Dickinson, ao Teatro da Natureza português. O brasileiro é posterior às publicações. Que conexão há, então, entre eles e o movimento do teatro ao ar livre? Que tipo de relação estabelecem com ele?

A PATERNIDADE: ALEXANDRE DE AZEVEDO E O TEATRO DA NATUREZA PORTUGUÊS

> *Um dia Alexandre de Azevedo, de braço dado com Augusto Pina, estupendo cenógrafo e artista de gosto requintado, pensou que seria possível tentar-se em Lisboa, este gênero tão apreciado no estrangeiro e desconhecido em Portugal*[50].

Alexandre de Azevedo, ator português, uniu-se ao cenógrafo Augusto Pina para realizar os espetáculos do Teatro da Natureza no Jardim da Estrela, em Lisboa, em 1911. Não há dúvidas a respeito da autoria do projeto em Portugal – todas as fontes pesquisadas, além de Adelina Abranches, atriz que participou dos espetáculos e que deixou um livro de memórias, atribuem a idealização e o empreendimento a Alexandre de Azevedo.

47. S. Cheney, op. cit., p. 128-129.
48. Idem, p. 129.
49. Ver "Anexo 2", p. 93-95.
50. A. Abranches, *Memórias*, p. 272.

O ator, cujo nome completo era Alexandre Pais de Azevedo e Lima, estudou mímica com os irmãos Doven, e, com esta técnica, construiu pequenos atos musicados, apresentando-os em excursão a países como Espanha, França e Rússia. Foi, muito possivelmente, nessas viagens que teve contato com o movimento do teatro ao ar livre, o "gênero tão apreciado no estrangeiro e desconhecido em Portugal".

O começo do século XX português viu, especialmente, duas iniciativas contraporem-se à *praxis* teatral vigente: o Teatro Livre e o Teatro Moderno. O Teatro Livre, expressamente inspirado no Théâtre Libre de Antoine, tinha o objetivo de "dar rejuvenescimento e trazer uma nova e forte seiva ao teatro português, em face do rebaixamento e da decadência do teatro nacional, intimamente infestado de retrógradas idéias"[51]. A decadência e o retrocesso estão associados à opereta e à revista, "gêneros menores", que, ao lado de uma "evolução da dramaturgia naturalista nos palcos portugueses" – descrita por Luiz Francisco Rebello em *História do Teatro Português* –, eram representadas com êxito. Muito representada também era a mágica, "a que Eça de Queirós chamava 'o espectro solar do idiotismo', e que teve em Joaquim Augusto de Oliveira, Francisco Palha, Silva Pessoa, Parisini e Eduardo Garrido experimentados fabricantes"[52]. Sim, é o nosso Eduardo Garrido, autor de *O Martyr do Calvario*, apresentado pelo Teatro da Natureza brasileiro.

Adelina, que integrou o elenco do Teatro Livre, fala de seus estatutos, que explicavam seus fins: *"redimir a arte e vencer, pela educação. E, como o tablado era uma tribuna, por meio dela se propunha a levantar o espírito do público, ao nível das mais altas idéias.* Calcule-se a impressão que isto fez no nosso meio retrógrado!"[53]. O Teatro Moderno foi uma dissidência deste teatro, e foi fundado pelo encenador Araújo Pereira e pelo ator Luciano de Castro, diretores dos primeiros espetáculos do Teatro Livre. As atividades de ambas as iniciativas são de duração curta e descontínua.

Adelina lamenta:

> Tive grande pena que este gênero de teatro não fizesse carreira entre nós. Era um teatro sério, que obrigava a pensar...
> Mas tive que dar a mão à palmatória, quando um grande amigo nosso me disse, a rir muito, findo o primeiro mês de magro dividendo:
> – Façam as trouxas, ricos filhos... Então passou-lhes pela cabeça que os ricaços, que amealharam os cobres à custa do suor dos humildes, gostariam de se ver retratados num palco? E que os moralistas ouviriam, sorridentes e satisfeitos, todos os ataques à sua hipocrisia moral? Vocês são anjinhos... Preguem-lhes, mas é com o *Amor de Perdição* se querem ganhar algum... Histórias de amor é que eles gostam; não se arrisquem a outras mais complexas. O burguesinho gosta de vir para o teatro com o palito nos

---

51. Apud L. F. Rebello, *100 Anos de Teatro Português (1880-1980)*, p. 18.
52. L. F. Rebello, *História do Teatro Português*, p. 92.
53. A. Abranches, op. cit., p. 270. Grifo da autora.

dentes, a bufar de empanturrado, para assistir a um espetaculozinho que lhe não perturbe a digestão... Se vocês não têm por cá disso, façam as trouxas, filhos; façam as trouxas...
E nós fizemos as trouxas[54].

Neste ambiente, com *status* de renovador, aparece o Teatro da Natureza, que, junto com o Teatro Livre e o Teatro Moderno, se situa, no contexto do teatro português do período, como exceção. Em seu *Introdução ao Teatro Português do Século XX*, Duarte Ivo Cruz coloca, no capítulo "Os Caminhos de Experiência – Cena e Dramaturgia do Movimento Experimental Português": "O 'Teatro Livre', o 'Teatro Moderno', o 'Teatro da Natureza', o 'Teatro Novo', o 'Teatro Juvénia', foram meros índices descontínuos de uma inquietação geralmente restrita e gorada"[55]. Entretanto, a comparação entre Teatro da Natureza e o movimento do teatro ao ar livre é problemática. Alexandre de Azevedo não levou os espetáculos para um espaço aberto por um questionamento estético nem tampouco por uma motivação de caráter social. O que o move é o desejo de montar o repertório da Mounet-Sully, dos atores da Comédie Française, como se vê na citação abaixo. Sua referência, portanto, é o teatro clássico francês; seu modelo é um ator. Embora apresente-se como encenador, é como ator que Alexandre de Azevedo se posiciona diante do novo projeto – ator que acumula as funções de dono da companhia e diretor de cena. Alexandre de Azevedo não partilha das idéias preconizadas pelo movimento, mas copia sua forma espetacular; o Teatro da Natureza português, portanto, não pertence ao movimento, não participa dele, porque se relaciona com ele de maneira exterior:

> Alexandre sentia-se com fôlego para fazer todas as peças do repertório do Mounet-Sully... Aonde ir buscar, porém, um grupo de atores capaz de arcar com o desempenho de um Orestes, de um Édipo, etc.? Mas a sua idéia correu célere e em pouco tempo tinha a seu lado, com todo o entusiasmo, o erudito Dr. Coelho de Carvalho e até Augusto [Rosa] e [Eduardo] Brazão que se interessaram pela novidade. Quando me expôs a sua idéia, fiquei encantada e pronta a colaborar nesses espetáculos que, descritos por Augusto Pina, tinham qualquer coisa de grandioso...[56]

O fôlego para montar tragédias dura pouco, e o repertório sofre alterações.

Há muitas contradições na bibliografia quanto ao repertório apresentado pelo Teatro da Natureza em Portugal. Como não foi possível consultar jornais portugueses para que se esclarecessem as dúvidas, adotou-se aqui o repertório estabelecido pelo historiador do teatro português de maior relevância, Luiz Francisco Rebello. Em correspondência do dia 26 de junho de 2000, Rebello, então presidente da Sociedade Portuguesa de Autores informa:

54. Idem, p. 271.
55. D. I. Cruz, *Introdução ao Teatro Português do Século XX*, p. 105.
56. A. Abranches, op. cit., p. 272.

SOCIEDADE PORTUGUESA DE AUTORES

Pessoa Colectiva de Utilidade Pública

Presidente da Direcção   Lisboa, 26 de Junho de 2000

Exmª Senhora
D. Marta Metzler Pereira

Exmª Senhora,

Em resposta ao seu e-mail de 15, informo-a de que, segundo o que consta dos elementos em meu poder (e que mencionei no meu "Dicionário do Teatro Português"), o repertório do Teatro da Natureza, apresentado em 1911 no Jardim da Estrela, era o seguinte:

"Orestes" (versão livre da "Oréstia" de Ésquilo, por Coelho de Carvalho).

"Cavalleria Rusticana" peça em um acto de Giovanni Verga, e não a ópera de Mascagni, cujo libreto é de autoria de G. Tozzetti e S. Menasei).

"Cântico dos Cânticos" (versão teatralizada de Coelho de Carvalho).

"Merlim e Veviana" (acto em verso de Cacilda de Castro).

"As Bodas de Lia" (lenda dramática em verso de Pedroso Rodrigues).

Na biblioteca da SPA existe o texto destes três últimos, de que junto fotocópia,

Não tenho notícia da existência dos outros dois.

O preço das fotocópias, incluindo o seu envio é de Escudos 2.500.-, cuja remessa por cheque agradeço.

Terei muito prazer em facultar-lhe quaisquer outros elementos de que disponha.

Cumprimentos.

Dr. Luiz Francisco Rebello

Av. Duque de Loulé, 31 - 1069 Lisboa Codex - PORTUGAL - Telef.: 357 83 20 - Telefx 353 02 57 - Teleg. Autores

Facsímile da carta de Luiz Francisco Rebello.

segundo consta dos elementos em meu poder (que mencionei no meu *Dicionário do Teatro Português*), o repertório do Teatro da Natureza, apresentado em 1911 no Jardim da Estrela, era o seguinte:

Orestes (versão livre da Oréstia de Ésquilo, por Coelho de Carvalho).

Cavalleria Rusticana, peça em um acto de Giovanni Verga, e não a ópera de Mascagni, cujo libreto é de autoria de G. Tozzetti e S. Menasei).

Cântico dos Cânticos (versão teatralizada de Coelho de Carvalho).

Merlim e Veviana (acto em verso de Cacilda de Castro).

As Bodas de Lia (lenda dramática em verso de Pedroso Rodrigues).

Na biblioteca da SPA [Sociedade Portuguesa de Autores] existe o texto destes três últimos, de que junto fotocópia.

Não tenho notícia da existência dos outros dois.

Portanto, de trágico só havia *Orestes*.

Quanto ao texto da carta, é preciso dizer, primeiramente, que *Orestes* é uma adaptação não da *Oréstia*, mas das *Coéforas*, que é parte da trilogia *Oréstia* de Ésquilo; e depois, que os autores do libreto da ópera *Cavalleria Rusticana* são Giovanni Targioni-Tozzetti e Guido Menasci (seria G. Menasci e não S. Menasei). Vale observar que em toda a historiografia teatral brasileira, assim como nos periódicos cariocas, e também no livro de Adelina Abranches, fala-se em *Orestes*, de Ésquilo, traduzido por Coelho de Carvalho, sem que, entretanto, Ésquilo jamais tenha escrito uma peça com esse nome. Analisando-se a relação de personagens da adaptação, percebe-se que se trata de uma versão (e não de uma tradução, já que se encontra dividida em atos e quadros) das *Coéforas*. Trata-se, então, de erro propagado o fato de tantos autores atribuírem *Orestes* a Ésquilo.

No livro *Memórias*, de Adelina Abranches, a autora coloca como repertório do Teatro da Natureza, além dos textos citados por Rebello, as montagens de *Palhaços* e *Uma Égloga* [sic]. Esta última, que teria sido traduzida do grego por Coelho de Carvalho, faria parte, junto com *Bodas de Lia* e *Merlim e Veviana*, de um único espetáculo com três peças em um ato. Adelina não cita *Cântico dos Cânticos*. Já no verbete "Alexandre de Azevedo" da *Grande Enciclopédia Portuguesa e Brasileira*, o repertório é o mesmo mencionado em *Dicionário do Teatro Português*, acrescido de *Palhaços*. Bricio de Abreu é o único autor brasileiro que se refere ao evento português. Como sua fonte é o livro de Adelina, menciona o mesmo repertório relatado pela atriz.

Outra questão importante acerca da história do Teatro da Natureza em Portugal diz respeito à data de sua realização. Bricio de Abreu o situa em 1914, quando, entretanto, segundo Luiz Francisco Rebello, o evento teria acontecido em 1911. A folha de rosto da edição de *Merlim e Veviana* confirma: "representado no Theatro da Natureza, no passeio da Estrella, em Lisboa, em 29 de julho de 1911".

Merlim e Veviana

Acto em verso

por Cacilda de Castro

REPRESENTADO NO THEATRO DA NATUREZA,
NO PASSEIO DA ESTRELLA, EM LISBOA,
EM 29 DE JULHO DE 1911

CERNADAS & C.ª
LIVRARIA EDITORA
190 — RUA DO OURO — 192
LISBOA, 1911

Folha de Rosto de Merlim e Veviana, *de Cacilda de Castro.*

O autor mais festejado do Teatro da Natureza é Coelho de Carvalho. No Brasil, além de *Orestes*, monta-se dele uma adaptação de *Édipo Rei*. Maria Aparecida Ribeiro, coordenadora da *Enciclopédia Verbo das Literaturas de Língua Portuguesa*, assina, nessa publicação, o verbete "Coelho de Carvalho", em que coloca: "Mais preocupado com os caracteres que com a acção, o autor acha que a obra teatral 'é resultado da colaboração do dramaturgo com o actor, e a função deste é superior à daquele', e cita como modelos Ibsen e Júlio Dantas". A afirmação indica que o autor, embora se conecte com a dramaturgia naturalista, acredita num teatro que, cenicamente, privilegia a figura do ator.

Luiz Francisco Rebello, que situa Coelho de Carvalho entre os autores que "contribuíram para implantar o naturalismo na cena portuguesa, mais ou menos conforme os padrões importados de França"[57], afirma também que as obras teatrais desses autores não chegam a constituir uma nova dramaturgia: "Com estes autores, e estas obras, o naturalismo acomodava-se às exigências da cena nacional, sem ruptura evidente com os seus esquemas tradicionais"[58]. A Júlio Dantas – referência de Coelho de Carvalho, apontado como um dos autores mais representativos da virada do século XIX para o XX – Rebello atribui uma postura servil em relação a Ibsen, construindo seus dramas "a partir de uma leitura apressada e redutora dos *Espectros*"[59].

Do repertório português foi possível estudar as peças *Cântico dos Cânticos*, de Coelho de Carvalho; *Merlim e Veviana*, de Cacilda de Castro; *Bodas de Lia*, de Pedroso Rodrigues e *Cavalleria Rusticana*, de Giovanni Verga. Sobre esta última é possível encontrar vasta bibliografia. Há muitos estudos sobre a ópera que nela se baseou e sobre Verga. Há ainda o conto homônimo, do próprio autor, que, por seu turno, deu origem ao melodrama. *Orestes* foi procurada, sem sucesso, em diversos acervos tais como Biblioteca Nacional do Brasil, Biblioteca Nacional de Portugal, Biblioteca da Universidade de Coimbra (instituição em que Coelho de Carvalho exerceu a função de reitor), além da Sociedade Portuguesa de Autores.

Merlim e Veviana, de Cacilda de Castro, foi publicada em 1911 pela Cernadas & C.ª Livraria Editora. A peça, composta em versos, tem um ato dividido em dois quadros. É um melodrama ingênuo de inspiração romântica, referindo-se todo o tempo às belezas naturais e procurando estabelecer uma relação entre os acontecimentos e os sentimentos das personagens com a natureza. Merlim, à procura de Veviana, diz:

---

57. L. F. Rebello, *100 Anos de Teatro Português (1880-1980)*, p. 17.
58. Idem, p. 18.
59. Idem, p. 17.

[...] Verdes folhas inquietas,
lúbricas amantes,
só vos sabeis beijar...
Entrelaçados ramos,
lascivos, sensuais,
que bem que vos amais!
Frémitos de amor
por todo o bosque em flor,
enlanguescidos ais...
ó árvores voluptuosas,
que bem sabeis sentir!
Enamorados ecos,
sombras misteriosas,
o que deixais ouvir...
o que sabeis dizer...
Tudo aqui vive e sente
e ama eternamente![60]

A ação se passa no fim do reinado de Artur, primeira metade do século VI, numa floresta da Bretanha. Os personagens pertencem ao universo mágico de fadas e bruxas. O amor dos personagens-título é o eixo da história, que se dá em rápidas reviravoltas. Antor, velho bretão, sai de Kerléon para buscar o mago Merlim, que fora encontrar a fada Veviana por conta de uma intriga: para que Merlim não descobrisse a traição ao rei urdida pela rainha e pelo sobrinho de Artur, estes dizem a Merlim que seu poder é inferior ao de Veviana. Merlim e Veviana se amam sem saber que são correspondidos. Ao se encontrarem, depois de rápida hesitação, declaram-se enamorados. Lancelot chega então à floresta para anunciar a guerra iminente. Na cena de sua entrada, Lancelot quer beijar a Noite:

LANCELOT – [...] (Tentando beijá-la) Mas perdem-se, no Espaço, os beijos que te dou!
NOITE – Tu não viste que eu era a Noite, Lancelot?[61]

A Noite, entretanto, ama o Sol. Lancelot tenta agarrá-la à força. Antor lhe chama a atenção por isso, e é a última referência a esta relação. Ao saber da guerra iminente, Merlim se revolta contra Veviana, acreditando ter sido iludido, e parte. Artur morre em batalha, porque a harpa que lhe daria poder foi esquecida por Merlim com Veviana. Merlim se sente arrasado e culpa Veviana, que lhe propõe esquecer tudo se beber a água mágica da fonte. Merlim passa então a achar que Veviana tem bom coração, hesita um instante, mas bebe da água e tudo acaba bem, com os protagonistas enamorados. Mudanças radicais se

60. C. de Castro, *Merlim e Veviana*, p. 19.
61. Idem, p. 25.

dão de uma fala para a outra. Nem trama nem personagens têm tempo de se desenvolver.

Cavalleria Rusticana é um melodrama que Giovanni Verga escreveu a partir de seu conto homônimo. Verga já era escritor reconhecido "como o maior que a Itália havia visto depois de Manzoni"[62], quando começou a escrever para teatro. O conjunto de sua obra conta poucos textos dramáticos – *Cavalleria Rusticana* e *La lupa* são os que repercutiram mais fortemente – mas é grande sua relevância e marcante sua influência no teatro italiano. A primeira representação de *Cavalleria Rusticana*, em Torino em 1884, teve Eleonora Duse no papel de Santuzza. "Foi um triunfo"[63]. Cesare Bozzetti, que em *Il teatro del secondo ottocento*, apresenta rico conjunto de referências bibliográficas sobre o teatro de Giovanni Verga, atribui ao autor de *Vita dei campi* e *I Malavoglia* papel fundamental na introdução do realismo no teatro italiano: "o sucesso de *Cavalleria Rusticana* impõe decisivamente também no teatro aquele gosto verístico e regionalístico que já o próprio Verga e Capuana, este especialmente com a sua atividade crítico-teórica, haviam imposto na narrativa"[64]. O cunho regionalista que o naturalismo ganha na Itália faz nascer o verismo, que foi inicialmente siciliano. Antonio Candido, ao analisar a narrativa dos naturalistas Émile Zola, Giovanni Verga e Aluísio Azevedo em *O Discurso e a Cidade*, percebe uma influência do livro *L'Assommoir*, de Zola, sobre Verga, que teria servido "como estímulo para criar uma linguagem bastante artificial, que, no entanto, parecesse ao leitor culto a própria naturalidade"[65]. Na Itália dos diversos dialetos, Giovanni Verga se aproveita criativamente da pluralidade lingüística para criar esta *naturalidade construída*:

> Como dar o cunho da língua da Sicília e integrar o livro no universo da literatura nacional? Foi este o duplo problema que resolveu, com um arbítrio inventivo que produziu paradoxalmente um máximo de naturalidade em *I Malavoglia* e diversos contos de *Vita dei Campi* e *Novelle Rusticane*. O seu narrador, como o do *Assommoir*, adota um ângulo lingüístico que estiliza o do personagem inculto, não para usá-lo nos momentos de discurso indireto, e sim em toda a continuidade da narrativa[66].

O resumo do libreto da ópera (considerada a primeira ópera verística) pode fornecer a *story line* do melodrama. Como no Brasil, conforme se verá mais adiante, experimentou-se um espetáculo híbrido, que inseriu trechos musicais da ópera no drama de Verga, transcreveu-se aqui o resumo do libreto:

---

62. C. Bozzetti, *Il teatro del secondo ottocento*, p. 492.
63. Idem, p. 493.
64. Idem, ibidem.
65. A. Candido, "O Mundo-Provérbio", *O Discurso e a Cidade*, p. 106.
66. Idem, p. 106-107.

Ato único: Praça de uma aldeia siciliana. No meio da alegria com que o povo celebra a manhã de Páscoa, a jovem Santuzza (soprano) sente-se triste: Turiddu (tenor), a quem se dera com paixão, havia-a abandonado para regressar aos braços de Lola (mezzo-soprano), que já em tempos o amara, mas que o tinha traído, enquanto ele fazia o serviço militar, para casar com o almocreve Alfio (barítono). Este ignora o que se passa. Santuzza espera convencer o pérfido a regressar ao seu amor. Turiddu, porém, não só procura evitar qualquer explicação, como a repele brutalmente. Neste momento aparece Lola, assim como Alfio, e Santuzza, desesperada, revela a este a verdade, só prevendo as conseqüências funestas que o seu ato poderá ter depois de ouvir os veementes protestos de vingança proferidos por Alfio. (Intermezzo instrumental). Após a celebração, na igreja, dos ofícios divinos, o povo abanca para beber na taberna da tia Luzia (contralto), mãe de Turiddu. Alfio junta-se ao grupo e Turiddu oferece-lhe um copo de vinho, que ele recusa com palavras provocadoras. Isto representa um desafio, que Turiddu, consciente da sua falta, aceita. Despede-se comovido da mãe e parte para o duelo. Quando Santuzza aparece, alarmada e arrependida de haver provocado a catástrofe, é tarde demais: Alfio havia tirado a vida de Turiddu[67].

Com dedicatória a Júlio Dantas, *Bodas de Lia* foi montada também pelo Teatro da Natureza no Rio de Janeiro. É uma peça em um ato composta em versos. Baseado no capítulo XXIX do *Livro do Gênesis – O Duplo Casamento de Jacó* – o texto de Pedroso Rodrigues altera o final da história bíblica, transformando-a em drama. A questão central da peça é o amor. Labão, pai de Lia e de Rachel, exigira de Jacó que lhe servisse durante sete anos, para receber esta última em casamento. Entretanto, para manter o costume da terra de casar sempre as mais velhas primeiro, Labão prende a caçula Rachel, impondo Lia a Jacó. Hebhel liberta Rachel, que se encontra com Jacó. Durante a festa de casamento de Lia, que já está preparada, Jacó declara a todos seu amor por Rachel. Labão exige então que, para tê-la, Jacó sirva-lhe mais tempo. Lia esbraveja maldições, de que se arrepende em seguida e pede perdão. A transição de Lia, que reclamara todo o tempo seu direito ao casamento, também se dá de um verso para outro, sem motivo evidente, no desfecho da peça. No fim, o amor vence. E Lia sofre.

Cântico dos Cânticos é, da mesma forma, extraída da Bíblia – do livro homônimo – e classificada por seu autor como drama lírico. Escrita também em verso, seus diálogos são, na verdade, uma sucessão de longos poemas e não há, praticamente, oposição entre os personagens – todos terminam no mesmo movimento em que começaram. A peça conta a história de Sulamita, mulher do harém do rei Salomão, que ama um pastor, com quem quer fugir. Sulamita, no jardim do harém, troca declarações de amor com o pastor, que está do outro lado do muro. Salomão chega e entende ser para ele que Sulamita canta. Ela percebe a entrada de Salomão e disfarça. As mulheres do harém provocam Sulamita com insinuações. O pastor volta a cantar atrás do muro, Sulamita revela ao rei seu amor e Salomão, sem se abalar, ordena ao

---

67. T. Borba; F. L. Graça, *Dicionário de Música*, p. 294.

chefe dos guardas "que se abra aquela porta, p'ra que neste / jardim do rei, enfim, o amor floresça"[68]. E a peça termina com uma lição, dada pelo próprio Salomão: "Quando o vaidoso / busca comprar o amor com as riquesas, / só logra ser do proprio amor ludibrio, / pois mofará do rico o mundo inteiro"[69].

É curioso notar que não há nenhum texto que "retrate os ricaços" ou que "ataque a hipocrisia dos moralistas", escolhas que teriam causado o fim do Teatro Livre, segundo o amigo de Adelina. Todas estas quatro peças são, justamente, histórias de amor.

Nas montagens do Teatro da Natureza, Alexandre de Azevedo era o principal intérprete. No elenco português estavam, além de Alexandre e Adelina, Bárbara Wolckard, Luz Velloso, Aura Abranches, Alfredo Ruas, Teodoro Santos, Lopo Pimentel, Pinto Costa, entre outros. Só foi possível estabelecer a escalação do elenco em *Orestes*, *Cântico dos Cânticos* e *Merlim e Veviana*, a partir das *Memórias* de Adelina e das publicações da peça de Coelho de Carvalho e do texto de Cacilda de Castro, respectivamente[70].

É difícil adotar o livro de memórias de Adelina Abranches como fonte para o estabelecimento dos fatos objetivos relacionados ao Teatro da Natureza em Lisboa. Isto porque, em primeiro lugar, trata-se exatamente de lembrança, que requer um estudo específico e que, para questões objetivas, pode falhar; e depois, porque não apresenta datas. Porém, sabendo-se que Adelina foi uma atriz importante da sua geração e considerando-se, por outro lado, que montou companhia com Alexandre de Azevedo – ou seja, havia afinidade artística entre eles –, pode-se deduzir de suas declarações os conceitos em que baseavam suas atuações. Para Adelina, é o papel que se assenta ao ator, o que a identifica com um teatro em que o ator representa um tipo e não um personagem. Não faz muita diferença se se trata de personagens trágicos ou cômicos, de Clitemnestra ou Avozinha do Balão – é tudo tipo. O estilo de representação calca-se no sentido de verdade, como reprodução da realidade, transmitindo a sensação de *naturalidade*. Sobre sua maneira de atuar, Adelina cita D. João da Câmara, que a compara a Eleonora Duse: "É como tu, um feixe de nervos... e, como tu, é humana, é verdadeira na dor! Nenhuma pose estudada! É tudo espontâneo, sentido, vivido!"[71].

Sobre o Teatro da Natureza, Adelina tece considerações sobre a escalação do elenco e as atuações:

---

68. C. de Carvalho. "O Cântico dos Cânticos", *De Teatro: Revista de Teatro e Música*, p. 14.
69. Idem, p. 16.
70. Ver "Anexo 1", p. 91.
71. A. Abranches, op. cit., p. 346.

A estréia fez-se com o Orestes, de Eschilo, traduzido em verso branco por Coelho de Carvalho, e que agradou sem reservas. Eu, fazia a Electra; a Bárbara, a Clytemnestra; minha filha [Aura Abranches], o Corifeu, e o Lopo Pimentel, o Pílades. Desde já garanto que este Pílades não ficou àquem do de Paul Mounet. O Pimentel, que não era um grande actor, era contudo um grande homem... A sua figura esbelta e bem musculada, serviu à maravilha esse papel que tinha a particularidade de ser mudo... e andar sempre *atrelado* ao Orestes. O Pimentel que o arranjava e caracterizava lindamente, arranjou um tipo expressivo, de grande energia e imponência. O diabo do rapaz fez uma criação. A Bárbara é que não realizou com muita felicidade o tipo da Clytemnestra... Com uma túnica lindíssima, elegante ao máximo nas suas amplas pregas, lembrou-se de pôr no pescoço uma larga tira de metal amarelo... que parecia uma coleira reluzente... e logo o meu filho [Alfredo Ruas], quando a viu, correu a participar a todos os actores, que a Bárbara se tinha resolvido mascarar de *bull-dog*...[72]

A questão do figurino também fica clara no trecho acima. Eram os próprios atores que "arranjavam" suas roupas de cena. Em diversas passagens das memórias de Adelina aparece a relação com a indumentária estabelecida pelos profissionais da época:

No meu tempo, as exigências do vestuário não eram tão severas como hoje [1945, aproximadamente]; mas explica-se: o público, interessava-se mais pelo talento do que pelos trapos... Basta dizer que uma ingênua podia apresentar um vestido em duas ou três peças diferentes, se o mascarasse um bocadinho[73].

E mais adiante:

O teatro dava-me cinqüenta mil réis mensais, que haviam de chegar para vestir e calçar os filhos, pagar-lhes o colégio de primeiras letras, vestir-me e calçar-me, a mim, *para a rua e para a cena*[74].

O cenário do Teatro da Natureza é também descrito por Adelina Abranches:

O local escolhido fora o Jardim da Estrela e lá se estava a construir um palco, na base de uma rampa lindamente atapetada de verdura, cheia de bonitas árvores e arbustos, com uma perspectiva muito bela. [...] Um potentíssimo foco iluminava a cena. Augusto Pina, com o seu mágico pincel, dera vida à grande arcaria que encimava os quatro amplos degraus, colocados ao fundo, em diagonal. À esquerda, uma coluna em vulto, partida a meio, dava a sugestão da Grécia antiga... E nada mais, como cenário. Foi um grande êxito, um verdadeiro *acontecimento* a estréia do Teatro da Natureza! Nessa noite, encheu-se o recinto da platéia, de tudo o que de melhor havia em Lisboa[75].

O trecho revela a concepção de luz. A cena iluminada por um foco único e potente indica uma compreensão da luz como meio de clarear o espetáculo, de torná-lo visível. Não há a intenção de, por meio dela,

72. Idem, p. 272-273. Grifos da autora.
73. Idem, p. 54.
74. Idem, p. 115. Grifo meu.
75. Idem, p. 272-273. Grifo da autora.

alterar a cena, pensar uma plasticidade. A luz não é um conceito que pertença à idéia da cena, como acontecerá no teatro moderno, mas um recurso técnico de funções objetivas.

Pela descrição, verifica-se que o Teatro da Natureza português era, na terminologia de Sheldon Cheney, um teatro de jardim. Os teatros da natureza localizavam-se em bosques afastados da cidade, com cenário absolutamente natural. Mesmo os tipos mistos descritos por Cheney, que tinham pequenas interferências cenográficas, não se situavam no perímetro urbano. Em Lisboa, assim como no Rio de Janeiro, os palcos foram montados em jardins locais.

A repercussão do evento português é positiva não apenas diante da crítica e do público, como também junto à própria classe teatral:

> Augusto Rosa[76] andava tão encantado com estas representações que ia todas as noites para o Jardim da Estrela e até... cantava nos bastidores (bastidores que eram um tufo de palmeiras que havia ao fundo), com o coro das *Bodas de Lia*... Dava-nos conselhos, retocava a pintura dos artistas, e por ali andava muito satisfeito, a sonhar outros espetáculos[77].

Ainda hoje o projeto goza de prestígio na história do teatro português:

> Se alguns nomes, já hoje nada dizem (Augusto Pina, José Loureiro, José Ricardo, a "Sociedade Teatral" de António Macedo), outros empresários, como Luís Galhardo ou o Visconde de S. Luís Braga, conseguem manter certa aura, tantos anos após a sua morte. E, se nos reportarmos a empresas dirigidas por autores, e (sobretudo) por actores, teremos então de recordar as companhias ainda prestigiosas de Rosas e Brazão, Satanela – Amarante, de Lucília Simões – Erico Braga, Maria Matos – Mendonça de Carvalho, Ilda Stichini – Alves da Cunha, o "Teatro da Natureza" de Alexandre de Azevedo, o "Teatro Juvénia" de Araújo Pereira, a "Nova Companhia de Declamação" de Alfredo Cortez, a de Palmira Bastos – Eduardo Brazão e, sobretudo a magnífica realidade que, ainda hoje, representa a empresa Rey Colaço – Robles Monteiro[78].

O projeto durou apenas dois meses, em virtude do prejuízo que teve a produção:

> O pior era que pelas grades do jardim saltava imensa gente que via depois os espetáculos sem pagar nada... Augusto Pina, distribuía bilhetes grátis a todos os seus amigos; Azevedo também lhe não ficava atrás. De modo que, ao fazerem-se as contas

---

76. "Augusto Rosa (Lisboa, 1852-1918). Um dos maiores atores da história do nosso teatro, a quem ficou a dever-se, juntamente com seu irmão João e Eduardo Brazão, uma obra importante de renovação da cena portuguesa na passagem do romantismo para o naturalismo, escreveu um drama em dois atos, *Punindo!*, que só depois da sua morte se representou (em 1926, no Teatro S. Luiz). Publicou em 1915 um livro de memórias, *Recordações da Cena e de Fora da Cena*, que constitui uma importante fonte de informações sobre a vida teatral no nosso país no último quartel do século XIX e nos primeiros anos deste século". L. F. Rebello, *100 Anos de Teatro Português (1880-1980)*, p. 120.

77. A. Abranches, op. cit., p. 274.

78. D. I. Cruz, op. cit., p. 52-53.

no fim do mês, verificamos que havia prejuízo! Nós não pudemos agüentar porque as despesas eram superiores às receitas... Em todo caso trabalhamos dois meses, com o agrado completo do público e da crítica, que foi sempre muito boa. Também fiquei com saudades desse gênero de teatro... As coisas de que mais gostamos, são sempre as que acabam depressa![79]

Alexandre de Azevedo levou o evento para o Brasil, onde também foi protagonista de todos os espetáculos e assinou as encenações. Vários fatos o confirmam como idealizador e empreendedor do evento no Brasil. Em primeiro lugar, evidentemente, a própria produção portuguesa. O relato de Brito Broca, em seu *A Vida Literária no Brasil – 1900*, sobre uma audiência que Alexandre teria tido com o marechal Hermes da Fonseca, então presidente da República, mostra-o responsável não apenas pela concepção do projeto, mas também por sua viabilização:

Contou-me o ator português Alexandre Azevedo[80] que, quando, juntamente com Itália Fausta, pretendeu instalar o "Teatro da Natureza", na praça da República, no Rio, para representar ao ar livre Sófocles e Ésquilo, encontrando dificuldade em obter licença para isso, pediu uma audiência ao presidente da República. O marechal [Hermes] recebeu-o e informado do que se passava, mostrou-se vivamente interessado na questão, pediu detalhes e pôs-se a conversar sobre o teatro grego com o ator. – "Fiquei surpreendido" – disse-me Alexandre Azevedo; "o homem entendia mais da tragédia grega do que eu"[81].

No Brasil, Alexandre associou-se ao empresário Luís Galhardo e ao ator Cristiano de Sousa. Este último não atuou nos espetáculos; participou estritamente como diretor administrativo e teve papel relevante no tocante à viabilização do projeto. Seu nome consta dos anúncios dos espetáculos nos jornais com o crédito de diretor – talvez por isso seu nome apareça erroneamente na historiografia como idealizador do projeto –, mas deve-se observar que a diagramação dos anúncios distingue os créditos administrativos dos artísticos, separando-os em diferentes blocos. Cristiano de Sousa aparece no bloco do Cyclo Theatral Brasileiro, empresa que montou junto com Alexandre de Azevedo e Luís Galhardo, e que geriu o evento. Alexandre de Azevedo, além de figurar no elenco, tem os créditos de "encenação" e "iniciativa de".

A revista *A Faceira*, publicação mensal, diz ser de Cristiano a iniciativa de introduzir o projeto no Brasil:

---

79. A. Abranches, op. cit., p. 274.
80. O nome só aparece sem a preposição *de* em alguns autores e periódicos brasileiros. Toda a bibliografia portuguesa escreve *Alexandre de Azevedo*; por isso, e pela opção de adotar o estabelecido por Luiz Francisco Rebello, assim se escreverá aqui o nome do ator, mantendo-se, entretanto, a grafia dos autores das citações.
81. B. Broca, "A Grécia no Brasil", *A Vida Literária no Brasil – 1900*, p. 105.

O Dr. Christiano de Souza, esse artista correcto e illustrado que o theatro portuguez se orgulha de possuir e que as platéas do Brazil não se cançam de admirar, pretende introduzir entre nós o theatro ao ar livre, ou por outra, o chamado, "Theatro da Natureza".

A alguns parecerá um exotismo curioso, a outros um arrojo do illustre artista, a muitos um sonho irrealisavel, essa idéa magnifica que vae, entretanto, conquistando varios adeptos entre os nossos mais conhecidos homens de letras, e que, graças á tenacidade do Dr. Christiano de Souza, será talvez em breve uma brilhante realidade[82].

Gustavo A. Dória, em *Moderno Teatro Brasileiro*, também atribui o projeto a Cristiano, em função de o Campo de Sant'Anna ter sido concedido a ele. Mario Nunes, entretanto, dá outra versão:

A idéia do teatro da natureza, o teatro clássico ao ar livre, era um dos anelos de Alexandre de Azevedo, animado pelo sucesso registrado em Lisboa. Quis instituí-lo em 1914: o prefeito indeferiu a petição sob o pretexto de que o povo, por inculto, jamais o freqüentaria.

Seu sucessor, estribado em parecer de Coelho Neto, concedeu o Parque da Praça da República a Cristiano de Sousa que procurou, então, Alexandre. A idéia foi combatida, por escribas, mas arrimaram-se em dezembro, a Luís Galhardo, decididos a levá-la avante[83].

Como não foi localizado o processo de concessão do parque, não foi possível estabelecer a quem este foi concedido. Mas não resta dúvida quanto ao criador da idéia. Carlos Maul, que publicou em 1949 a versão de *Antigona* que escreveu para o Teatro da Natureza brasileiro, dedica o texto "Ao grande ator Alexandre de Azevedo, o criador do 'Teatro da Natureza' e a quem devo o convite para escrever esta tragédia". Bricio de Abreu, em *Esses Populares Tão Desconhecidos*, abre o histórico do ator, a quem rende declarada homenagem, com a epígrafe "O creador do Teatro da Natureza".

Itália Fausta, citada por Brito Broca como idealizadora, foi, na verdade, convidada a participar como atriz e foi a figura principal do elenco feminino quando do lançamento do projeto, mas participou apenas de dois espetáculos – *Orestes* e *Antigona*. João do Rio, que também aparece na bibliografia como um dos empreendedores, não teve participação no evento.

Alexandre de Azevedo é, portanto, o *pai* do Teatro da Natureza em Portugal e no Brasil.

---

82. M. Murgel, *A Faceira*, jan. / fev. 1915, ano IV, n. 38, Vida Theatral.
83. M. Nunes, *40 Anos de Teatro*, p. 70.

O LUGAR DAS IDÉIAS: O RIO DE JANEIRO E SEU TEATRO NO INÍCIO DO SÉCULO XX

> *Édipo* – [...] *somente após os fatos alegados honraram-me os tebanos com a cidadania*[84].

Não se pretende aqui traçar um panorama da cidade do Rio de Janeiro ou de seu teatro no tempo do Teatro da Natureza, mas procurar pensar de que maneira o contexto "sócio-teatral" carioca cria um solo favorável ao *surgimento* do evento. Não se trata de supor uma relação de causalidade linear que apontaria do ambiente para o fato histórico. O momento sociocultural do Rio de Janeiro, o teatro ao ar livre internacional e o Teatro da Natureza português são entendidos como *origem* da realização brasileira, no sentido que integram um conjunto de acontecimentos intimamente correlacionados, ou antes, *correlacionáveis* com ela. O que significa dizer que o surgimento do evento no país é possível graças a (e não é devido a) uma confluência do pensamento e de determinados acontecimentos nacionais e internacionais.

Esta seção trata, exclusivamente, do Rio de Janeiro e da atividade cênica praticada na cidade, uma vez que falar em Brasil, ou mesmo em teatro brasileiro, seria, aqui, demasiado abrangente e vago. Ainda que se considere que alguns autores atribuem a expressão *teatro brasileiro* ao teatro carioca de então, em função de o Rio de Janeiro concentrar a maior parte da atividade cultural do país no período em questão, vale ressaltar que a realidade teatral paulista, por exemplo, apresenta características bem distintas naquele momento[85].

Rio de Janeiro, 1916. Que lugar é esse capaz de abrigar uma idéia como o Teatro da Natureza?

O afã modernizador e cosmopolitista que, nos primeiros anos do século XX, deseja que o Rio de Janeiro, então sujo e perigoso, seja reconhecido internacionalmente como uma cidade viável como capital federal, produz, do ponto de vista administrativo, as muitas obras urbanísticas realizadas com o objetivo de transformar a cidade numa "Europa possível"[86]. Como a maquiagem na cidade, um empreendimento conjunto dos governos federal e municipal, não resolve o problema da desigualdade social e da pobreza conseqüente, feia e incômoda, o "populacho" é empurrado para longe das vistas. Muitas dessas obras representam bem o movimento de se tirar do centro da cidade a presença

---

84. Sófocles, op. cit., p. 30.
85. Sobre o assunto, ver o texto de Maria Thereza Vargas, "Teatro Operário na Cidade de São Paulo – Teatro Anarquista", *Sobre o Pré-Modernismo*, p. 75-82.
86. Como dizia Figueiredo Pimentel, cronista da época. Cf. M. Velloso, *Que Cara Tem o Brasil? As Maneiras de Pensar e Sentir o Nosso País*, p. 85.

da pobreza, constituída, sobretudo, pela população negra de ex-escravos. A cidade experimenta, com isso, a efetivação de uma cisão espacial e social, que separa as elites das camadas populares – cisão que já vinha se configurando desde o final do século XIX com o início do surgimento das favelas e das zonas Norte e Sul.

No teatro, a marcada divisão entre os tipos de produção e seus respectivos tipos de público reproduz essa dupla cisão: as elites freqüentam os espetáculos mais sofisticados trazidos pelas companhias estrangeiras, enquanto o segmento do público, de caráter essencialmente popular, volta-se para o repertório das produções nacionais. O Rio de Janeiro da virada do século faz parte do circuito das companhias teatrais européias, cujo repertório constitui-se nas comédias, nas tragédias e nos dramas modernos. As produções nacionais, que não podiam concorrer com as estrangeiras, dedicam-se à opereta traduzida e adaptada, à revista do ano, à mágica, sustentando-se na tradição cômica popular.

Ao longo dos primeiros anos do século, começa a haver um certo trânsito cultural entre as duas alas da cidade, mas o preconceito vige:

> O cronista [João do Rio] dizia que o Rio era tão ambíguo que abrigava duas cidades distintas: a da "graça" e a do "vício". A primeira europeizada, sofisticada e cosmopolita, enquanto a outra congregava a maior parte do cidadãos. Mas o que é instigante, segundo nos mostra o cronista, é que essas duas partes trocavam influências entre si, não estavam separadas uma da outra[87].

Ao mesmo tempo que parte da intelectualidade começa a discutir a idéia de nação, questionando, entre outros assuntos, a exclusão social dos negros – como se pensar como nação um país em que 80% da população não têm direito a voto, porque são analfabetos? – uma outra parcela da *intelligentsia* alimenta um "surto helênico", que deu direito, inclusive, a festas "gregas" em Curitiba, como a de 1911, contada por Brito Broca[88]. De Lima Barreto esse helenismo ganha a ironia – em *Triste Fim de Policarpo Quaresma* (1916), é a figura do negro Anastácio,

---

87. M. Velloso, op. cit., p. 94.
88. Cf. B. Broca, op. cit., p. 104-105: "Pela província não prevaleceu com menor intensidade semelhante tendência [helenista]. [...] Tasso da Silveira, no seu livro *A Igreja Silenciosa*, acentuando, de passagem, que Curitiba presta-se admiravelmente a semelhante revivescência, recorda o espetáculo: 'Foi nesse ambiente de luz e de harmonia, tão maravilhosamente apropriado, que Dario sonhou realizar, num quadro vivo, a ressurreição da hélade pagã. E fê-lo à medida do possível. A primeira festa da primavera efetuou-se, se não me engano, no ano de 1911. Foi encantada surpresa para a população desprevenida. Estudantes do Ginásio e da Escola Normal e a infância das escolas primárias formavam o cortejo helênico que, atravessando a urbe, ia em demanda do mais belo parque da cidade. Rapazes e moças vestiam alvas túnicas, e levavam mantos de cores suaves, à maneira grega. À frente, as nove musas reflorindo. Marchavam as crianças em duas alas, empu-

"antigo escravo de fazenda", que, roçando o quintal, remete a uma sacralidade grega: "Anastácio era silencioso e grave. Nada dizia: trabalhava e, de quando em quando, parava, considerava, numa postura hierática de uma pintura mural tebana"[89]. No lado oposto, o helenismo encontra um de seus maiores entusiastas, Coelho Neto, "decerto um dos maiores responsáveis pela propagação dessa mania"[90]. Não por acaso foi graças a seu aval, durante sua gestão como diretor da Escola Dramática Municipal, que o projeto do Teatro da Natureza, indeferido anteriormente pela Prefeitura da Cidade, conseguiu aprovação. Que função, entretanto, cumpre esse helenismo no contexto carioca daquele momento?

Para introduzir uma reflexão acerca do papel que exerce o helenismo no quadro do pensamento carioca do período, talvez se se possa apoiar nas idéias de Maria Sylvia de Carvalho Franco, expostas em "As Idéias Estão No Lugar"[91], muito embora a discussão proposta esteja situada no contexto específico do século XIX, escravista.

Na entrevista, Maria Sylvia dialoga diretamente com "As Idéias Fora do Lugar"[92], divergindo ponto por ponto do texto de Roberto Schwarz. Ao tratar da produção e da circulação de idéias no Brasil, refuta, em primeira instância, a noção de deslocamento do ideário liberal burguês na realidade escravista do século XIX brasileiro e, mais amplamente, a teoria da dependência, pressupostos do trabalho de Schwarz.

Ao considerar que o Capital "não chegou a tomar forma clássica no Brasil"[93], Schwarz admite uma compreensão dualista, que concebe diferentes modos de produção: o da economia brasileira do século XIX, escravista, e o dos grandes mercados mundiais, aos quais estaria vinculada a produção brasileira, e que seriam, estes sim, capitalistas. Maria Sylvia chama a atenção para esta oposição, que supõe uma relação de *exterioridade* impossível entre metrópole e colônia, e argumenta:

colônia e metrópole não recobrem modos de produção essencialmente diferentes, mas são situações particulares que se determinam no processo *interno* de diferenciação do sistema capitalista mundial, no movimento imanente de sua constitui-

---

nhando guirlandas que formavam, entre uma fila e outra, ensombrada abóbada de flores. À linda mascarada não faltaria, talvez, algo de menos lógico com o instante. Mas, ali, casava-se tão bem a jovialidade, por assim dizer, atmosférica, à natureza paramentada e risonha, que ninguém analisou o que nela pudesse haver de extemporâneo e esdrúxulo'. 'Depois – acrescentou – dispersou o cortejo no parque e começaram os jogos olímpicos, os torneios de poesia e os hinos em coro, à semelhança da Grécia antiga' ".
 89. L. Barreto, *Triste Fim de Policarpo Quaresma*, p. 97.
 90. B. Broca, op. cit., p. 102.
 91. Entrevista publicada em *Cadernos de Debate*, p. 61-64.
 92. Cf. *Ao Vencedor as Batatas*, p. 9-31.
 93. Idem, p. 20.

ção e reprodução. Uma e outra são desenvolvimentos particulares, partes do sistema capitalista, mas carregam ambas, em seu bojo, o conteúdo essencial – o lucro – que percorre todas as suas determinações. Assim a produção e a circulação de idéias só podem ser concebidas como internacionalmente determinadas, mas com o capitalismo mundial pensado na forma indicada, sem a dissociação analítica de suas partes[94].

Schwarz diagnostica uma "disparidade entre a sociedade brasileira, escravista, e as idéias do liberalismo europeu"[95] e entende que as idéias liberais burguesas, importadas da Europa, eram então "adotadas [...] com orgulho, de forma ornamental, como prova de modernidade e distinção" – "não serviam para nada"[96]. Entende, portanto, que esse ideário não pertence e não serve à realidade brasileira, e que é adotado simplesmente como atração da cultura "superior". Maria Sylvia observa, entretanto, que montar a oposição liberalismo burguês *versus* favor e escravismo brasileiros, considerando estes incompatíveis com aquele, seria "separar abstratamente os seus termos, [...] e perder de vista os processos reais de produção ideológica no Brasil"[97].

Maria Sylvia traça, então, uma gênese do *favor*:

[o favor] foi tecido como desdobramento da produção lucrativa, do capitalismo, tal como existiram no Brasil. Fundou as relações entre homens livres, que se concebiam como iguais, e foi sobre essa igualdade mesma que se ergueu um forte princípio de dominação implantada através da troca de serviços e benefícios [...] As representações igualitárias eram necessárias para sustentar o sistema de dominação e encobrir as disparidades, articulando-se ao postulado das desigualdades individuais de ordem psicológica, intelectual, biológica e moral. Com efeito, é necessária a premissa de uma sociedade onde todos são potencialmente iguais mas desigualmente capacitados para empreender sua conquista, a fim de legitimar os desequilíbrios de condição social e a exploração. [...] Constituído no mesmo movimento das unidades de produção mercantil, esse conceito de igualdade que alicerçou as práticas do *favor* não se opunha à ideologia burguesa da igualdade abstrata: ao contrário, podia absorvê-la sem dificuldades, substancialmente iguais que eram e cumprindo as mesmas tarefas práticas[98].

Maria Sylvia demonstra, assim, como "o ideário liberal burguês em um de seus pilares – a igualdade formal – não 'entra' no Brasil, mas *aparece* no processo de constituição das relações de mercado, às quais é inerente"[99].

A noção de importação de idéias, que, ao serem inseridas numa outra realidade que supostamente não as produziu, mostram-se deslocadas, vem sendo utilizada, depois do texto de Schwarz como *marca* da

---

94. M. S. de Carvalho Franco, op. cit., p. 62. Grifo da autora.
95. R. Schwarz, op. cit., p. 12.
96. Idem, p. 26.
97. M. S. de Carvalho Franco, op. cit., p. 62.
98. Idem, p. 62-63. Grifo da autora.
99. Idem, p. 63. Grifo da autora.

brasilidade. Tão equivocado quanto utilizar "As Idéias Fora do Lugar" para pensar vários momentos distintos da história brasileira seria procurar estender a contrapartida de Maria Sylvia à história do pensamento brasileiro como um todo. Entretanto, é possível apoiar-se em suas colocações para desenvolver uma reflexão análoga para a atividade artística de um momento subseqüente.

No início do século XX, já assinada a abolição da escravatura, os negros são, formalmente, homens livres e, teoricamente, integrados à sociedade. Sabe-se, entretanto, que essa integração feria o desejo do Brasil, ou de um Brasil, de ser "país irmão" da Europa, de um Brasil que se recusa a ser uma "República mestiça". O preconceito e a segregação racial funcionam como afirmação de uma não-identificação da elite, que se vê muito mais aproximada da França do que dos negros brasileiros, como exemplifica Monica Velloso: "Em 1904, quando foi inaugurada a avenida Central, hoje avenida Rio Branco, aconteceu uma cena de chamar a atenção. [...] As pessoas, elegantemente trajadas, cumprimentavam-se umas às outras dizendo com entusiasmo: '*Vive la France!*' "[100]. A elite exclui a população negra não apenas concretamente, isto é, do ponto de vista socioeconômico, mas promove seu banimento também de um imaginário, que idealiza um Brasil europeizado a que os negros não pertencem.

Voltemos então à questão do helenismo. Brito Broca ressalta que a "mania da Grécia [...] era um meio de muitos intelectuais reagirem contra a increpação de mestiçagem, escamoteando as verdadeiras origens raciais"[101]:

> Até Monteiro Lobato com seu espírito realista, em plena juventude, mostrara-se enamorado da Grécia, chegando a forçar um paralelo entre a Hélade e o Brasil. Em carta a Godofredo Rangel (3.2.1908), comunicando-lhe que se achava em Areias, a ler Homero, escrevia: "Que diferença de mundos! Na Grécia, a beleza; aqui a disformidade. Aquiles lá; Quasímodo aqui". E logo depois este trecho, em que o futuro autor do Jeca Tatu refletia diretamente o preconceito da época: "Estive uns dias no Rio. Que contra-Grécia é o Rio! O mulatismo dizem que traz dessoramento do caráter. Dizem que a mestiçagem liquefaz essa cristalização racial que é o caráter e dá uns produtos instáveis. Isso no moral – e no físico, que feiúra!"[102]

Ora, por esdrúxulo que seja querer reviver os valores e ritos gregos antigos, o helenismo se ajusta com perfeição ao pensamento da elite brasileira, servindo às práticas segregacionistas que visavam a manter distância segura da pobreza – identificada com a população negra –, esta sim, vista como elemento estranho. A Grécia antiga já não é propriamente Grécia, mas funciona como um Brasil dos sonhos da elite.

100. M. Velloso, op. cit., p. 25.
101. B. Broca, op. cit., p. 106.
102. Idem, p. 106-107.

No Brasil, o Teatro da Natureza foi criado, explicitamente, para fruição da elite. No jornal *Correio da Manhã* do dia 21 de janeiro de 1916 escreve-se:

> O theatro grego, theatro *de la verdure,* theatro da Natureza ou como queiram classifica-lo, *vae dar ao público illustrado do Rio* algumas noites de uma sensação nova no mundo da arte. [...] Nos nossos tempos, por toda a parte, o theatro grego enche de emoção, no seu resurgimento, adaptado ás condições da vida contemporânea, *ás populações cultas*[103].

Na edição de 25 de janeiro, o Teatro da Natureza é apresentado como realização fora do comum, "para o público ilustrado". Em 18 de fevereiro, na coluna "Theatros & Cinemas", fala-se em "público seleto" que já está sentindo falta dos espetáculos, que não têm podido ser apresentados por causa da chuva. Acrescenta-se, entretanto: "No domingo, haverá um espectaculo a preços populares, para dar ensejo ás classes menos abastadas de ter a sensação do que seja o theatro grego"[104]. Concede-se, portanto, num ato de extrema *generosidade*, uma oportunidade às "classes menos abastadas" (não à "pobreza", evidentemente), mas num evento à parte, frise-se bem. A edição de 20 de abril do jornal *O Paiz* descreve a audiência do Teatro da Natureza: "quasi todas as localidades do recinto se achavam occupadas, era composta de uma sociedade selecta, em que predominavam as damas e as senhoritas"[105]. Aquele espaço tinha, de fato, um público-alvo bem definido e exclusivo – a bandeira da disposição democrática dos assentos levantada pelo movimento do teatro ao ar livre internacional não é hasteada aqui. Relatando a indignação dos freqüentadores habituais do Campo de Sant'Anna, que reagiram contra o fechamento do parque público para um evento que cobrava ingresso – a estréia de *Orestes* –, o *Correio da Manhã* dá o tom:

> Era a pobreza que ali estava reclamando contra o mandado de despejo que o Cyclo Theatral Brasileiro executára devidamente autorizado pela Prefeitura da cidade. A pobreza até então suppunha que os bancos dos jardins e o conforto daquelle ar livre estavam ali collocados gratuitamente para ella, até ás 10 horas da noite como munificencia do governo municipal, pago e custeado pelo contribuinte escorchado[106].

O Teatro da Natureza, portanto, que poderia, a princípio, parecer desconectado de seu ambiente, temporal e espacialmente, por se propor um repertório grego antigo naquele Rio de Janeiro, não é uma idéia despropositada e descabida. Não tem caráter de "ornato", mas serve

---

103. "Theatros & Cinemas", *Correio da Manhã*, 21/01/1916, p. 5. Grifo meu.
104. "Theatros & Cinemas", *Correio da Manhã*, 18/02/1916, p. 5.
105. "Artes & Artistas", *O Paiz*, 20/04/1916, p. 6.
106. "Últimas Informações", *Correio da Manhã*, 24/01/1916, p. 4.

àquela realidade brasileira, serve ao pensamento das elites cariocas, elites econômica e intelectual, vindo ao encontro do seu desejo de, poder-se-ia afirmar, criar uma espécie de nacionalidade, uma *brasilidade exclusiva*. Afinal, conforme coloca Beatriz Rezende "é o momento em que se acredita que 'a Europa curvou-se ante o Brasil' "[107], e uma produção bem realizada, "de padrão internacional", como o Teatro da Natureza, pode provar a igualdade de capacidade do Brasil em relação à Europa. Este seria, talvez, um primeiro sinal de afirmação de uma nacionalidade que iria tentar romper de fato a identificação com a "mãe Europa" somente com o modernismo. Portanto, o Teatro da Natureza não é uma idéia deslocada, mas muito própria de seu tempo e espaço.

Longe de esgotar o assunto, o que se fez aqui foi apenas apontar para uma discussão, que, na verdade, ultrapassa a questão do Teatro da Natureza, com a intenção de mostrar que o projeto não era descabido; cumpria, outrossim, uma função social clara e pertinente, o que o torna, na sua configuração, essencialmente brasileiro. Até porque, se fosse efetivamente estrangeiro, com todo o isolamento que o desterro acarreta, não repercutiria tão fortemente.

O Rio de Janeiro de 1916 é lugar favorável ao surgimento de uma idéia como o Teatro da Natureza, não só por conta dessa mania helenista, mas também em função de uma propalada "decadência" do teatro nacional, diagnosticada por alguns homens de teatro, críticos e literatos de então, e de um manifesto "desejo de recuperação".

Décio de Almeida Prado, em *Seres, Coisas, Lugares: Do Teatro ao Futebol*, cita Artur Azevedo, a propósito da concorrência que os elencos estrangeiros faziam aos nacionais, na virada do século:

> O Rio de Janeiro tem sido visitado por algumas das sumidades da arte dramática, universalmente consagradas; mas essas visitas, longe de concorrer para que o teatro nacional desabrochasse, produziram o efeito diametralmente oposto. O público não perdoa aos nossos autores não serem Shakespeare ou Molière; não perdoa aos nossos atores não serem Rossis, Novellis e Coquelins; não perdoa às nossas atrizes não serem Ristoris, Sarahs e Duses[108].

A partir de 1908, aproximadamente (para utilizar, junto com alguns historiadores, de maneira esquemática, a data da morte de Artur Azevedo como o início do século XX no teatro brasileiro), a classe teatral começa um embate sistemático pela recuperação do teatro nacional, luta que teria sido deflagrada por Artur Azevedo. A intelectualidade reclama não apenas a renovação da atividade, mas também da platéia:

---

107. Cf. "A Representação do Rio de Janeiro nas Crônicas de Lima Barreto", *Sobre o Pré-Modernismo*, p. 109.
108. Apud D. A. Prado, "A Comédia Brasileira (1860-1908)", *Seres, Coisas, Lugares: Do Teatro ao Futebol*, p. 47.

Mas enquanto afirmava que não possuíamos êsse teatro porque as autoridades públicas até então nada haviam feito de sério para a sua criação, eu obtemperava:

Todavia começaria por exigir, também, público brasileiro. E, por esquisita que pareça a exigência, a falta desse público é, precisamente, o maior tropêço à existência do teatro nacional.

Não são as autoridades públicas, somente, que se desinteressam pelo assunto, ao nosso povo cabe grande parte da responsabilidade[109].

Para um empreendimento como o Teatro da Natureza, por exemplo, teme-se a ausência do público:

aqui é que se nos apresenta uma duvida tremenda – acceitará o nosso publico essa innovação?

[...] o nosso receio é que a platéa carioca, não a que frequenta revistas e bombochatas, mas a que se delicia com a legitima litteratura theatral, recuse a sua presença [...].

As tentativas artisticas, no nosso acanhado meio e com o nosso publico reduzidissimo, têm fracassado sempre. A platéa carioca não se interessa mais pelo nosso theatro; o drama e a comedia foram lamentavelmente abandonados; o verdadeiro artista, aquelle que faz da sua arte um sacerdocio, foi obrigado a transigir com o gosto depravado do grosso publico; a pornographia campeia; a licença se impõe como condimento indispensavel ao successo de uma peça.

E é numa situação como esta, num meio quasi hostil, que surge agora, sob a egide de um artista de nome, a idéa da creação entre nós do "Theatro da Natureza"[110].

É importante frisar que esse clamor por uma renovação do teatro nada tem a ver com a renovação movida pelos encenadores europeus desde o fim do Oitocentos, advinda de um pensamento estético, que entende o espetáculo teatral como conceito. Discorrendo sobre o teatro nacional de 1914, Mario Nunes cita, entre outros, Eduardo Vitorino, "profundo conhecedor do problema do teatro, ao tempo, no país; o melhor, o mais competente ensaiador com que contávamos", deixando clara a concepção de teatro de Vitorino:

Uma peça dramática cuja ação tenha de se desenrolar em 1 hora e um quarto, tem de ser muito bem observada, sinteticamente escrita, em cenas rápidas, mas impressionantes, mais sentidas que faladas, devendo as situações sucederem-se com clareza, deduzidas umas das outras, sem tempo para explicações, para cenas intermediárias[111].

A presença de uma interpretação francesa da *Poética* de Aristóteles, interpretação essa identificada com a noção de peça-bem-feita que respeita as unidades de tempo, lugar e ação e com a idéia de cena como materialização do texto, é evidente. Mais adiante, já tratando do ano de 1915, Nunes coloca:

Parecerá estranho que inclua sempre o repertório das companhias francesas: faço expressamente, porque o teatro francês de comédia influiu poderosamente na forma-

109. M. Nunes, op. cit., p. 55.
110. M. Murgel, *A Faceira*, jan. / fev. 1915, ano IV, n. 38, Vida Theatral.
111. Apud M. Nunes, op. cit., p. 57.

ção, nos últimos cem anos, da nossa mentalidade dramática, concorreu para a formação de um público, embora de elite, e exerceu influência considerável sobre a nossa literatura e nosso amor às belas letras e aprimoramento intelectual[112].

Oscar Guanabarino, por sua vez, na crítica de *Antigona* do Teatro da Natureza, esclarece a origem do ideário neoclássico francês ainda entre nós em 1916:

> Conviria manter a tragedia na sua integra, como no original?
> Não o sabemos. O theatro grego chegou ao nosso conhecimento através das traduções francezas e commentadores da mesma nacionalidade, depois de sucessivas modificações.
> Os allemães aprofundaram esses estudos: mas nem todos esses livros estão traduzidos em idiomas mais vulgarizados[113].

Renovar o teatro, conforme consta na historiografia teatral referente ao período, significa renovar o repertório, e não a cena. E renovar os gêneros privilegiados pelos *spots*.

A Primeira Guerra Mundial, a que se atribui influência no desenvolvimento e fortalecimento da cena nacional, em função de um isolamento do país em relação à Europa – as companhias estrangeiras ficaram impedidas de vir ao Brasil –, além da crise ideológica que desencadeia, faz desenvolver no país um espírito nacionalista manifesto, no teatro, pelo repertório, que tem títulos como *Nossa Gente* (de Abadie Faria Rosa), *A Juriti*, *Sol do Sertão* (de Viriato Correia), *Terra Natal*, *Manhãs de Sol* (de Oduvaldo Viana), entre outros. As representações em português e os originais brasileiros apresentados no Pathé e no Trianon, conforme expõe Mario Nunes, começam a despertar o interesse do "público elegante". O teatro declamado toma alento frente ao gênero ligeiro.

O Teatro da Natureza aparece, nesse contexto, como concretização das aspirações artísticas da intelectualidade e ocupa, entre seus contemporâneos, um lugar de prestígio: enfim uma produção brasileira de alta qualidade técnica e artística, ou ainda, em nível de "Primeiro Mundo" – repertório sofisticado executado, surpreendentemente bem, por brasileiros:

> É preciso que declaremos, antes de tudo, ter sido enorme a nossa surpresa, pois, de facto, esperavamos verdadeiro fracasso dessa tentativa que sempre nos pareceu superior ás forças dos seus autores. Esperavamos uma festa de arraial, arriscada pelos perigos do ridiculo, augmentada pela tendencia galhofeira do nosso publico; esperavamos uma representação completamente [ilegível], tal como exige a tragedia, sendo esta representada por artistas de comedia.

---

112. Idem, p. 68.
113. "Artes & Artistas", *O Paiz*, 12/02/1916, p. 5.

Grande foi, por isso, a nossa surpresa diante do exito verdadeiramente artistico obtido hontem[114].

O nacionalismo "pré-modernista" – como afirmação da nacionalidade – não chega a configurar um projeto. A busca sistemática de uma identidade nacional é posterior, e, assim como a reflexão acerca do espetáculo teatral, virá com os modernos, em tempo outro, distinto do tempo europeu. Logo, se se recontextualiza o sentido da palavra *novo*, o Teatro da Natureza é sim renovador, naquele universo teatral, na medida em que responde às expectativas de mudanças de seus contemporâneos – às expectativas possíveis naquele momento.

114. "Artes & Artistas", *O Paiz*, 24/01/1916, p. 5.

2. A Identidade Revelada

No primeiro volume de seu *O Teatro no Brasil*, J. Galante de Sousa aponta o que considera ser o problema da historiografia teatral brasileira: a forma com que autores tais como Sílvio Romero, Henrique Marinho e Múcio da Paixão estruturam a história do teatro no Brasil. Abordagens que ou se limitam à evolução da literatura dramática, ou tratam exclusivamente da história dos estabelecimentos e empresas teatrais, ou, ainda, vinculam a história do teatro à história política brasileira levam-no a questionar as obras desses autores: "Literatura dramática, cenografia, interpretação e muitos outros aspectos devem entrar em linha de conta para a distribuição racional da matéria"[1]. Importante será pensar a que outros aspectos J. Galante de Sousa está se referindo. Flora Süssekind retoma a questão em "Crítica a Vapor: A Crônica Teatral Brasileira da Virada de Século"[2], em que analisa a periodização da história do teatro no Brasil proposta por aqueles autores e, como J. Galante de Sousa, distingue Carlos Süssekind de Mendonça, que, em sua inacabada *História do Teatro Brasileiro*, de 1926,

traz algumas contribuições curiosas à historiografia teatral brasileira. Tais como o seu modo de entender o teatro não apenas como literatura, mas como espetáculo, e a sua periodização, que tenta trabalhar sempre em quatro trilhas simultaneamente: a dramaturgia, o aspecto cênico, o público e a crítica[3].

1. J. G. de Sousa, *O Teatro no Brasil*, p. 74.
2. Cf. *Papéis Colados*, p. 53-90.
3. Idem, p. 87-88.

Para não se fazer uma avaliação que desconsidera o tempo; para não se tentar encontrar, num dado momento histórico, uma reflexão que lhe é, na verdade, futura; para não se padecer de uma saudade do que virá, há que se situar os autores e seus trabalhos no tempo: "se assiste, desde fins do século XIX, a algumas tentativas de elaborar uma história do teatro brasileiro. Tentativas em sintonia com um projeto nacionalista e com um compromisso reiterado de, por meio da atividade cultural, demarcar a nacionalidade"[4].

Quadro Sintético da Evolução dos Gêneros na Literatura Brasileira, de Sílvio Romero, e *O Teatro Brasileiro*, de Henrique Marinho, por exemplo, inserem-se nesse contexto, datando de 1909 e 1904, respectivamente.

Analisando-se a história da historiografia teatral brasileira, observa-se que essa historiografia, entendida como projeto crítico, só será construída pelos modernos: "[o projeto historiográfico de Carlos S. de Mendonça] encontraria interlocutores críticos e seria levado de fato adiante, algumas décadas depois, por J. Galante de Sousa, Décio de Almeida Prado, Sábato Magaldi"[5]. E só poderia ser dessa forma. Sabe-se que a figura do crítico especializado surge, no Brasil, ao mesmo tempo em que surge o encenador; pois, até então, o que se tinha era o cronista teatral, função exercida muitas vezes por homens de teatro que recusavam o título de crítico, como é o caso, por exemplo, de Artur Azevedo. Logo, um projeto historiográfico que entendesse o espetáculo como obra autônoma em relação à literatura dramática, e que levasse em conta uma reflexão acerca da cena, e esse é, certamente, um dos "muitos outros aspectos" a que se refere J. Galante de Sousa, só poderia ser concebido no contexto do teatro moderno, já que, até este momento, o espetáculo não era o problema central do fazer teatral, mas a "materialização" do texto dramático, sua transposição para o palco; antes dos modernos, o sucesso de um empreendimento teatral era a consagração do autor e não do ensaiador.

Disso advém que a própria história é uma construção que, assim como os fatos e práticas que estabelece, é fruto do seu tempo. Construir a história, a princípio, poderia se assemelhar à montagem de um quebra-cabeça. Entretanto, uma outra imagem se impõe numa associação à história, entendida agora como construção crítica: montar peças de *Lego*. Num quebra-cabeça, as peças estão todas lá e o que se tem a fazer é encontrar a figura final, que já está dada de antemão. Interpretar as informações recolhidas numa pesquisa, diferentemente, é fazer escolhas: escolhas de foco, escolha de olhar, e, sobretudo, escolha de montagem, ou seja, escolha de relações. Escolher a forma e as cores das peças com que se pretende estabelecer conexões. O objeto de pes-

4. Idem, p. 86.
5. Idem, p. 88.

quisa só pode ser pensado como relação e não como significação, logo, não pode ser abordado a partir de um princípio formal predeterminado, até porque é a relação que determina o objeto. Sobre este assunto, Paul Marie Veyne, em *Como se Escreve a História; Foucault Revoluciona a História*[6], coloca que "[a ciência] é o conhecimento que se aplica a 'modelos de série', enquanto a explicação histórica trata, caso por caso, dos 'protótipos'"[7]. Os conceitos emanam, pois, do próprio objeto.

Assim se procurou trabalhar com o Teatro da Natureza. Foram procurados dados históricos e bibliográficos, arquivos oficiais e registros em geral. Entre as fontes bibliográficas figuraram os livros que mencionam o Teatro da Natureza no Brasil e em Portugal; aqueles que abordam o teatro realizado no Rio de Janeiro na época; os que tratam da cidade do Rio de Janeiro e sua transformação no período; dicionários e enciclopédias de teatro. Foi considerada a leitura que importantes historiadores, tais como J. Galante de Souza, Gustavo A. Dória e Mario Nunes, fizeram do evento; entretanto, procurou-se iniciar a análise a partir dos próprios elementos constituintes da realização como os cenários, as peças montadas, as atuações, que foram estudados por meio de fotos; dos próprios textos; de relatos diretos dos envolvidos, publicados em entrevistas de jornal; da recepção na imprensa, para, a partir de então, travar diálogo com as interpretações já existentes. São justamente esses elementos que podem ou confirmar a interpretação desses autores, que associam o Teatro da Natureza ao teatro moderno, ou indicar uma nova leitura para sua configuração estética. As relações entre o Teatro da Natureza brasileiro e o movimento do teatro ao ar livre, bem como entre o Teatro da Natureza brasileiro e o Teatro da Natureza português surgiram, ao longo da pesquisa, como resultado dela e foram *escolhidas* pela autora para iluminar o objeto estudado.

Note-se que a divisão proposta para este capítulo apresenta, dissociados, no título da terceira seção, *os textos e a cena*. Isto porque, independentemente desta dissociação pertencer ou não ao fazer teatral do evento em questão, é inevitável que ela apareça no estudo crítico do tempo presente. Pois se a história é fruto do seu tempo, conclui-se, logicamente, que o olhar do historiador é inescapável ao fato histórico.

Este capítulo compreende ainda um pequeno estudo sobre *o elenco e as atuações*; e comentários sobre *o local, os cenários, os figurinos*; *a música*; *o triste fim do Teatro da Natureza*. Os elementos ganharam um "pequeno estudo" ou apenas "comentários", em função do pouco material localizado. Lamenta-se a limitação de documentos en-

---

6. P. M. Veyne, *Como se Escreve a História; Foucault Revoluciona a História*, pp. 149-198.
7. Idem, p. 174.

frentada pela investigação; todavia, o fato de que registros venham-se perdendo ao longo do tempo é menos um entrave do que uma importante justificativa para a realização do trabalho. O que se deseja é tentar evitar, tanto quanto possível, que partes da História do Teatro Brasileiro percam-se definitivamente.

O LOCAL, OS CENÁRIOS, OS FIGURINOS

> *Tudo se prepara para que a inauguração dos espectaculos ao ar livre, no jardim da praça da Republica, assuma as proporções de um acontecimento artístico*[8].

"Devem estar concluídos, no próximo dia 7, os trabalhos de installação do Theatro da Natureza"; "já hontem começaram os trabalhos de ligação da energia electrica destinada à iluminação de todo o recinto onde será installado o palco e suas dependências"; "prosseguem sem desfallecimento os trabalhos do Theatro da Natureza, em cuja montagem já se empregaram dezenas de operários"; "trabalhos do amphitheatro ficam concluídos definitivamente hoje"; "estréia de *Orestes* adiada para sábado por não terem ficado prontos os trabalhos do amphitheatro" – estas são as notícias que aparecem diariamente na coluna "Theatros & Cinemas" do jornal *Correio da Manhã*, ao longo dos primeiros vinte dias de janeiro de 1916. Estavam todos ansiosos e entusiasmados com o acontecimento, acompanhando o cotidiano dos trabalhos de instalação do teatro no Campo de Sant'Anna. O local exato da montagem, dentro do parque, não foi possível definir com precisão, pois as plantas do palco não foram encontradas. No prefácio de *Antigona*, Carlos Maul dá referências quanto à posição do anfiteatro: "o Teatro da Natureza, que funcionou no centro do parque da praça da República, num anfiteatro que evocava as arenas de Nimes e as de Orange, para a exibição de peças trágicas, extraídas da literatura dramática dos clássicos gregos"[9].

Já Mario Nunes o situa em "grande clareira abaulada do parque do Campo de Sant'Ana, à esquerda da porta da Rua do Senado"[10].

É também Mario Nunes que apresenta a distribuição dos assentos: "O vasto anfiteatro comportava setenta camarotes, mil lugares distintos, mil cadeiras e mil populares, havendo espaço para dez mil pessoas em pé"[11]. O *Correio da Manhã* explica a distinção: "De cada lado do

8. "Theatros & Cinemas", *Correio da Manhã*, 18/01/1916, p. 4.
9. C. Maul, *Antigona*, p. 5.
10. M. Nunes, *40 Anos de Teatro*, p. 70.
11. Idem, p. 91.

vasto amphitheatro serão reservados os camarotes necessários às pessoas de alta representação social, às quaes a empresa vae convidar para assistir aos mesmos espectaculos"[12]. A disposição diferenciada dos assentos é um ponto de afastamento radical entre o Teatro da Natureza brasileiro e os princípios do movimento do teatro ao ar livre internacional. A idéia de democratização dos assentos, em nome de um papel social do teatro, não se verifica na produção brasileira, mostrando ser superficial a comparação entre esta e os espetáculos europeus e norte-americanos. A semelhança se limita à retirada da cena da sala fechada, ato que aqui é, em si, vazio de sentido. O trecho abaixo conta um pouco sobre o palco:

> Vimos hontem a *maquette* do proscenio, que é um bom trabalho do scenographo e decorador sr. Jayme Silva, o qual obedeceu, para a concepção da sua obra, ao maior rigor de stylo e architectura. As columnas do portico grego, que demarcam a ribalta, já depois de amanhã devem ficar assentadas, para sobre ellas se proceder às installações electricas destinadas a iluminar o palco[13].

Se há obra, estilo, arquitetura, não há, na terminologia de Cheney, Teatro da Natureza. No Brasil, o espaço estaria mais aproximado, como o de Portugal, do teatro de jardim. Mas, enquanto, mesmo neste tipo de teatro, segundo Cheney, são discretas as interferências cenográficas, na produção nacional o cenário não se desliga efetivamente daqueles concebidos para as salas fechadas. Gustavo A. Dória, ao traçar um quadro do teatro nacional do período, comenta a cenografia e, particularmente, Jayme Silva, cujo trabalho se destacava:

o que dominava eram os trabalhos de Jayme Silva e seus companheiros, que se caracterizavam pelo excesso de coloridos, derramado através de longas paisagens nas chamadas cenas de "gabinete" onde uma profusão de araras e papagaios voava pelas paredes. Ou, então, a "verdade" de certos cenários de exterior, executados no mais puro tom operístico[14].

A partir do "instantâneo apanhado durante a representação da tragédia *Orestes*" reproduzido abaixo – única foto de espetáculo que se conseguiu obter – vê-se que o cenário foi concebido de modo convencional, conforme a prática que vigorou desde o século XIX. Não é um cenário construído para criar ou configurar uma cena. É, outrossim, a ilustração de um ambiente a que se quer remeter. É mais decorativo que funcional. As colunas gregas são dispostas de forma a permitirem as entradas e saídas tradicionais de atores, e a cena, pelo que se vê, se dá toda ela à frente do cenário, que permanece ao fundo com a função

---

12. "Theatros & Cinemas", *Correio da Manhã*, 04/01/1916, p. 5.
13. Idem, 07/01/1916, p. 5.
14. G. A. Dória, "Os Precursores", *Moderno Teatro Brasileiro: Crônica de suas Raízes*, p. 7.

única de indicar um tempo e um local – o cenário não interage, não dialoga nem com a cena que se desenrola nem com o próprio espaço; estar ao ar livre não o modifica. O que se fez foi ampliar as proporções físicas do cenário de convenção, em função das dimensões do palco. A disposição dos atores na cena reitera a interpretação de que o uso do espaço não é repensado, de que não se concebe uma nova cena para ele. Isto porque não há efetivamente uma proposta estética, qualquer que seja ela, para a retirada do espetáculo da sala fechada. Enquanto o teatro ao ar livre internacional faz um movimento para fora da sala fechada, por repúdio às idéias a ela relacionadas, o Teatro da Natureza brasileiro a carrega consigo para o jardim.

Figura 9: "Um instantaneo apanhado durante a representação da tragedia Orestes*". Fonte:* Correio da Manhã, *25/01/1916, Theatros & Cinemas, p. 5, acervo Biblioteca Nacional, Rio de Janeiro. A reprodução da foto pertence ao acervo da autora.*

Alguns autores, como Mario Nunes, atribuem a cenografia não só a Jayme Silva, mas também a Angelo Lazari. No entanto, não foi possível estabelecer a participação deste último. A publicidade impressa no jornal refere-se apenas ao primeiro: "Guarda-roupa e adereços – proprietário da Empresa; Decorações e cenários – Jayme Silva"[15]. Na véspera da estréia de *Orestes*, o jornal fala da cenografia sem indicar autoria:

15. *Correio da Manhã*, 21/01/1916, p. 12.

A montagem é das mais rigorosas, sob o ponto de vista de reconstituição e observação. A empresa timbrou em não desperdiçar o mais insignificante detalhe. Guarda-roupa a caracter, decorações e scenographia obedecendo a desenhos historicamente reconstituidos da época[16].

Depois da estréia de *Orestes*, o *Correio da Manhã* fala do cenário apenas: "colunas jônicas circundavam o tablado"[17]. Os jornais pesquisados – *Correio da Manhã* e *O Paiz* –, seja nas matérias, seja nas críticas, focalizam seus comentários nas atuações e nos textos. O pouco destaque dado à cenografia, a despeito do reconhecimento que Jayme Silva gozava então, talvez se explique no seguinte trecho de Gustavo A. Dória, a propósito do quadro do teatro nacional no começo do século XX:

No setor da cenografia, o domínio absoluto pertencia a Jayme Silva e Angelo Lazarí e, mais tarde, também a Hipólito Coulomb, hábeis artistas do mais tradicional estilo, profissionais de larga experiência, incapazes, porém, de compreender a importância de suas contribuições dentro do teatro[18].

No dia 17 de abril, Alexandre de Azevedo é entrevistado pelo *Correio da Manhã*, a propósito da encenação de *O Martyr do Calvario*, e responde sobre a adaptação da peça ao espaço, explicada menos por idéias que por metro:

CM – A montagem geral do drama de Garrido soffreu, naturalmente, modificações sensíveis para ser adaptado ao trabalho do theatro ao ar livre?
AA – Modificações, propriamente ditas, não soffreu. Apenas, foi grandemente melhorada. Comprehende que, nos acanhados palcos dos nossos pequenos theatros, não se póde obter os effeitos scenicos, a majestade, que o proprio scenario da natureza empresta ás tragedias de época. Onde conseguiriamos, aqui, por exemplo, collocar cento e tantas pessoas? O [ilegível] da rua da Amargura, ladeando e acompanhando o divino martyr do Golgotha, tem ali campo sufficiente para se approximar, quasi, da rigorosa reproducção da verdade. Esta marcha funebre não mais se desfaz e entra na mesma ordem pelo scenario do Golgotha, sendo as tres cruzes levantadas aos proprios olhos dos espectadores. Essas coisas não se poderiam obter nos nossos pequenos palcos[19].

Note-se que *O Martyr do Calvario* é chamada de tragédia.

As demais imagens do palco que foram localizadas não são fotos de nenhum dos espetáculos de assinatura, mas de apresentações que se deram durante uma festa em benefício da Cruz Vermelha de Portugal, realizada de comum acordo entre o Teatro da Natureza e o periódico *Revista da Semana*, em que os atores recitaram e discursaram para uma platéia enorme:

16. "Theatros & Cinemas", *Correio da Manhã*, 22/01/1916, p. 4.
17. "Últimas Informações", *Correio da Manhã*, 24/01/1916, p. 4.
18. G. A. Dória, op. cit., p. 7.
19. "Theatros & Cinemas", *Correio da Manhã*, 17/04/1916, p. 5.

o Theatro da Natureza, que é o mais amplo recinto de espectadores do Brasil! [...] insufficiente para receber a onda de publico e esta espraiou-se em redor do recinto, envolvendo o quadro grandioso em uma moldura humana. Perto de oito mil pessoas constituiam, agrupadas, apinhadas, essa multidão envolvente, palpitante, movediça[20].

Não foi apenas neste festival que o Teatro da Natureza recebeu um número surpreendente de pessoas. O evento, cujo indeferimento pela prefeitura em 1914 alegava que a população carioca não estaria preparada para um projeto como aquele, atraiu para seus espetáculos de assinatura, segundo Carlos Maul, "durante dez noites, conforme com a tolerância das irregularidades atmosféricas no verão tropical, mais de cem mil pessoas"[21], num Rio de Janeiro que contava, então, cerca de um milhão de habitantes.

Nessas fotos é possível ver o palco, a orquestra, os atores declamando poemas, bem como a disposição e a dimensão do público. É possível ver também a caracterização de Alexandre de Azevedo para um texto de Pedroso Rodrigues – *Outrora e Sempre...* – apresentado na festa realizada no dia 9 de abril. Sobre a questão da caracterização, Décio de Almeida Prado comenta em *Teatro Brasileiro Moderno* a concepção dos figurinos característica do teatro do período, já citada nos relatos de Adelina Abranches[22]: "Quanto às roupas usadas em cena, se eram modernas, como acontecia na quase totalidade das peças, constituindo exceção às chamadas 'de época', cabia aos atores fornecê-las, de modo que estes igualmente iam formando, ao longo dos anos, o seu pequeno cabedal artístico"[23]. O repertório do Teatro da Natureza justifica então o fato de a empresa ter-se incumbido da confecção dos figurinos.

Espetáculo às 20:45h. Entrada pelos portões que ficavam em frente ao Quartel General e ao Corpo de Bombeiros.

Os automóveis e carros conduzindo famílias que se destinem ao Theatro da Natureza têm a entrada franqueada pelo portão da rua do Hospício [atual rua Buenos Aires], devendo os espectadores entregar os seus bilhetes á entrada do portão e os vehiculos, após deixarem os passageiros no local do theatro, sair pelo portão da rua do Areal [atual rua Moncorvo Filho]. [...]

O jardim do Campo de Sant'Anna será vedado ao público apenas ás 6 horas da tarde[24].

Depois de sucessivos adiamentos, ora por conta do atraso nas obras de instalação do palco, ora em função das chuvas, *Orestes* estréia no domingo, dia 23 de janeiro.

20. *Revista da Semana*, 15/04/1916, ano XVII, n. 10.
21. C. Maul, op. cit., p. 6.
22. Ver p. 33.
23. D. A. Prado, *O Teatro Brasileiro Moderno*, p. 17.
24. "Theatros & Cinemas", *Correio da Manhã*, 23/01/1916, p. 4.

Figura 10: Anúncio do Festival em benefício da Cruz Vermelha de Portugal. Fonte: Revista da Semana, *01/04/1916, ano XVII, n. 8, acervo Real Gabinete Português de Leitura. A reprodução pertence ao acervo da autora.*

Figura 11: "Aspecto de um trecho da platéa e galerias, vendo-se á direita a multidão que envolvia o recinto". Fonte: Revista da Semana, *15/04/1916, ano XVII, n. 10, acervo Real Gabinete Português de Leitura. A reprodução pertence ao acervo da autora.*

Figura 12: "O maestro Luiz Moreira regendo a symphonia do Guarany". *Fonte:* Revista da Semana, *op. cit.*

Figura 13: "*Aspecto da multidão à esquerda do proscenio*". *Fonte:* Revista da Semana, *op. cit.*

Figura 14: "*O camarote do sr. Embaixador de Portugal*". *Fonte:* Revista da Semana, *op. cit.*

Figura 15: Alexandre de Azevedo caracterizado para Outrora e Sempre..., *de Pedroso Rodrigues. Fonte:* Revista da Semana, *op. cit.*

OS TEXTOS E A CENA

> – *Homem, essa peça Orestes é boa? indaga o espectador pouco lido em literaturas.*
> *O crítico, que não ouvira bem:*
> – *Ora esta é boa? deve ser uma revista; não conheço...*[25]

Começa a produção dos espetáculos. O cronograma dos trabalhos, que se iniciaram nos últimos dias de 1915, é apresentado por Mario Nunes:

> No dia 11 de dezembro, começaram os trabalhos preparatórios, convites aos artistas que deviam integrar o elenco; abertura de inscrição para coristas de ambos os sexos; escolha de Jayme Silva, cenógrafo-decorador, para pintura das cenas, a serem adaptadas à paisagem natural; confecção do guarda-roupa.
> No dia 13 foi escolhido *Orestes* para o espetáculo inicial, sendo principais figuras Alexandre Azevedo e Italia Fausta.
> [...] Os ensaios começaram no dia 16[26].

Depois de vinte dias do início dos ensaios – período que incluiu Natal e Ano Novo – o *Correio da Manhã* de 5 de janeiro de 1916 informava: "Como já estejam concluídos os ensaios da tragédia *Orestes*, na qual se apresenta a reputada artista Italia Fausta, começaram hontem a ensaiar-se as duas peças – *Bodas de Lia* e *Cavalleria Rusticana*, nas quaes reapparecerá a actriz Maria Falcão"[27]. E cinco dias depois:

> Estão concluídos os ensaios dos espectaculos que constituirão o programa das duas primeiras recitas de assignatura do Theatro da Natureza e que são, como se sabe, a tragédia *Orestes* e as duas peças *Bodas de Lia*, original de Pedroso Rodrigues e *Cavalleria Rusticana*[28].

Estas eram as durações dos processos de ensaio.

O guarda-roupa, como se viu, podia ser confeccionado antes da escolha do repertório, o que significa dizer que independia da peça a ser apresentada. Os espetáculos eram regidos pelo ponto, figura que se fazia necessária em função dos poucos ensaios. Observe-se que todos esses elementos – a duração dos processos de ensaio, a concepção do figurino, a presença do ponto – são característicos do chamado "teatro brasileiro antigo". As funções técnicas aparecem na ficha fornecida por Mario Nunes (note-se a ordem em que aparecem e que aí estão incluídos cenógrafos e figurinistas):

---

25. "Pingos & Respingos", *Correio da Manhã*, 03/01/1916, p. 1.
26. M. Nunes, op. cit., p. 70.
27. "Theatros & Cinemas", *Correio da Manhã*, 05/01/1916, p. 5.
28. Idem, 10/01/1916, p. 5.

Ponto: Celestino Silva
Contra-regra: Esmeraldo de Oliveira
Guarda-roupa: Storino, A. Miranda e João Côrte Real
Cenografia: Ângelo Lazary e Jaime Silva
Eletricista: G. Louzada
Maquinista: F. Rocha[29].

É grande a afluência do público à Confeitaria Castellões para compra da assinatura[30] – tudo é preparado para o evento; inclusive o espírito do público. O *Correio da Manhã* publica um texto atribuído a um "ilustre crítico de arte europeu" – que não foi possível identificar – que estaria no Brasil por acaso. Embora seja longa a citação, trata-se de um texto importante, como se verá, é válida a transcrição:

> O theatro grego, theatro *de la verdure*, theatro da Natureza ou como queiram classifical-o, vae dar ao público illustrado do Rio algumas noites de uma sensação nova no mundo da arte.
> E parece-me que nenhuma outra natureza melhor que a brasileira, *prima enter pares*, no assombro esplendoroso da sua grandeza e no encanto do seu colorido, poderá servir a enquadrar a linha nobre deste theatro simples, em que o imperio das idéas sobreleva a preoccupação das *ficelles*. Dentro della, não só o theatro classico, mas sobretudo os quadros, as pequenas recitações historico-nacionaes, as lendas e tradições indigenas poderão attingir a mesma soberba grandeza a que subiu, no theatro de Baccho, á collina d'Acropole, a *Paz* de Aristophanes, cantando em invocações heroicas o termo da desgraçada guerra do Peloponeso.
> Sendo o theatro o reflexo da vida, quanto mais expurgado elle possa viver de convenções, mais perfeita é a sua exteriorização, mais fecundo o seu poder emotivo. [...] Mas reconstituir esse theatro tanto quanto possivel é dar á nossa alma um banho d'ar puro, em que ella se revigora para a comprehensão da verdadeira belleza. [...] ouvir dizer as tiradas colossaes de Agamemnon, sob o céo amplo, num fundo soberbo de natureza real, é ter uma impressão de grandiosidade, do bello mais puro que poderá permittir-se ao espírito moderno. Por isso mesmo, o theatro grego [...] é ainda – hoje mais do que nunca – uma necessidade trazel-o ao conhecimento do publico, cujo senso esthetico tantas aberrações deterioram e tanta falta de belleza desorienta.
> O theatro grego [...] não é mera exhibição de figuras heroicas declamando palavras vasias de sentido como o queria o sr. de Voltaire. O espirito critico moderno fez justiça ao genio [Ésquilo], encontrando nas tiradas de Orestes a alma humana soffrendo as mesmas dores de sempre, caindo nas mesmas culpas.
> Nos nossos tempos, por toda a parte, o theatro grego enche de emoção, no seu resurgimento, adaptado ás condições da vida contemporânea, ás populações cultas[31].

Vê-se que o autor tem conhecimento do teatro ao ar livre internacional ou, pelo menos, conheceu a versão francesa – que se chamou *théâtre de la verdure* – e que partilha de algumas das idéias ligadas a esse teatro: a concepção naturalista de teatro como reflexo da vida e o elogio de uma simplicidade em detrimento do truque, do artificialismo.

29. M. Nunes, op. cit., p. 91.
30. Cf. "Theatros & Cinemas", *Correio da Manhã*, 17/01/1916, p. 5.
31. *Correio da Manhã*, 21/01/1916, p. 5.

A expectativa do autor, com relação à estréia de *Orestes* no Brasil, liga o evento nacional a essas idéias. No entanto, como já se viu, no que concerne ao cenário, a versão brasileira se liga ao teatro convencional; e, no tocante à disposição dos assentos, está desconectada do movimento internacional. Seguindo com a análise dos demais elementos, será possível determinar com maior precisão o ideário estético do Teatro da Natureza brasileiro.

Orestes, adaptação em versos de Coelho de Carvalho para *Coéforas*, de Ésquilo, é montada, segundo Oscar Guanabarino, num espetáculo grandioso – e caro: apresentava uma orquestra com 28 violinos e grande coro –, que "não nos deixava pensar na realidade do theatro"[32]. Para o crítico, que destacou a variedade de cores das túnicas e a movimentação cênica, o interesse dos espectadores residia na curiosidade e no inusitado de se montar uma tragédia grega. O espetáculo teve a temporada prorrogada duas vezes: no dia 27 de janeiro aconteceria a última récita – para a qual a produção convidou o presidente da República, que compareceu[33]. Porém, em função da grande afluência do público, *Orestes* ficou até o dia 30. Como *Bodas de Lia* e *Cavalleria Rusticana* entraram em cartaz à noite, e como era inviável realizar apresentações durante o dia, por causa do sol, "a pedido das famílias da capital" realizou-se uma apresentação extra de *Orestes* na matinê do Teatro Lyrico, no domingo de 6 de fevereiro. E *Orestes* ainda volta ao Campo: no dia 8 de fevereiro *Bodas de Lia* e *Cavalleria Rusticana* são tiradas de cartaz para a tragédia reestrear. Em 22 de fevereiro acontece, então, a última récita de fato. Foi uma longa temporada para os padrões da época.

Do texto de *Orestes* foi localizada apenas a transcrição de um trecho do primeiro ato, publicada pelo *Correio da Manhã*. O *bife* cabia ao personagem de Italia Fausta:

> Oh! Nume subterraneo! Faz que eu saiba
> Se os deuses infernaes, que reinam onde
> Meu pae habita, acceitarão meus votos!
> E se a terra tambem, que tudo cria,
> Tudo alimenta, retomando tudo,
> Propicia escutará os meus desejos,
> Derramo as libações; e do sepulcro
> Oh! pae! tua alma invoco; vem e lança
> O olhar piedoso sobre mim e Orestes;
> Reintegra-nos com honra em teu palacio!
> Errantes ora andamos, e traidos
> Por nossa propria mae! Ella partilha
> Com Eghisto teu [ilegível]! Elle, o cumplice
> Da tua morte! Oh! pae! Eu sou captiva,

---

32. "Artes & Artistas", *O Paiz*, 24/01/1916, p. 5.
33. Cf. *Correio da Manhã*, 27/01/1916, p. 5 e 13.

E Orestes fugitivo em terra estranha,
Enquanto que os traidores fruem em jubilo
Dos teus trabalhos o opulento fruto!
Faze que Orestes volte e aqui triumphe.
Escuta minha voz: faze que eu tenha
Mais casto coração e mais pureza
Que a mãe que me gerou... E, são os votos
Que por teus filhos faço... Aos inimigos
Mostra-te, oh! rei! vestido de vingança
E dá-lhes morte como a ti a deram!
Chorae! Gemei! Cantae os hymnos funebres![34]

Previsto para estrear em 29 de janeiro, o espetáculo que apresentava as peças *Bodas de Lia* e *Cavalleria Rusticana* foi adiado por conta do sucesso de *Orestes* e teve sua primeira récita em 1º de fevereiro.

A imprensa brasileira, sobre a *Cavalleria Rusticana*, disse ser um drama em dois quadros extraído da ópera de Pietro Mascagni e do conto de Illica adaptado por Lopes Teixeira, jornalista e crítico teatral português. Não é possível determinar a origem desta informação, que é, de toda forma, duplamente equivocada. Primeiro porque é o drama de Giovanni Verga que serve de fonte para a criação da ópera, e, depois, porque Luigi Illica era libretista de Puccini, tendo em sua bibliografia os libretos de *La Bohème*, *Tosca* e *Mme. Butterfly*, que escreveu em parceria com Giuseppe Giacosa – os libretistas da *Cavalleria Rusticana*, citados anteriormente, são Giovanni Targioni-Tozzetti e Guido Menasci[35]. Gustavo A. Dória confirma ter sido montado no Brasil o melodrama de Verga.

Conforme informações do *Correio da Manhã*, havia um hibridismo das formas dramáticas na encenação: a orquestra e o coro do Teatro da Natureza executavam os coros e o intermezzo da ópera encaixados no drama[36]. Alexandre de Azevedo cantava trechos da ópera, tendo sido aplaudido fervorosamente[37]. A crítica de Oscar Guanabarino para o espetáculo relata que "o publico não affluiu compacto ao theatro da Natureza"[38], e tenta explicar o desinteresse, atribuindo-o à possibilidade de, já conhecendo a ópera, o público não achar que compensasse uma "reproducção em prosa". Sobre a cena, ainda Oscar Guanabarino: "A entrada do povo, na primeira scena, é pittoresca e aproxima-se da verdade, naquella madrugada de um domingo de Paschoa"[39]. O último dia de espetáculo acontece em 6 de fevereiro. Em 19 de fevereiro ainda repete-se *Bodas de Lia* junto com *Antigona*.

---

34. "Theatros & Cinemas", *Correio da Manhã*, 21/01/1916, p. 5.
35. Ver p. 26.
36. Idem, 31/01/1916, p. 5.
37. "Últimas Informações", *Correio da Manhã*, 02/02/1916, p. 5.
38. "Artes & Artistas", *O Paiz*, 02/02/1916, p. 5.
39. Idem, ibidem.

Antigona, que estreou em 11 de fevereiro de 1916, apresentou uma versão criada especialmente para o Teatro da Natureza escrita por Carlos Maul, poeta que assinava artigos e publicava versos na imprensa. O texto, segundo o próprio autor, é uma tradução livre, apenas "sugerida" pela tragédia de Sófocles. Segundo Mario Nunes, *Antigona* foi a sagração de Maul. A publicação da peça é um precioso documento histórico, por conta, especialmente, do prefácio, que, assinado pelo autor, dá importantes informações acerca de seu trabalho de escrita, de uma retomada da "moda" do teatro grego à época da publicação – 1949 –, além de dados sobre o Teatro da Natureza:

> Ao publicar em volume, agora, esse fruto da minha corajosa juventude, faça-o menos pelo desejo de acrescer a lista de meus escritos, do que pela intenção de que não se perca a memória de um empreendimento muito nobre e muito alto devido, nesta terra, a um punhado de artistas que eram as culminâncias do teatro naqueles dias remotos e com desinteresse se atiravam a uma realização absolutamente inédita no Brasil[40].

Maul adapta a tragédia "à moderna", trabalho para o qual se inspira nos classicistas franceses:

> Ha em *Antigona* algo mais do que a utilização da matéria prima sofocleana. Tomando de Sofocles os motivos principais dessa tragedia, conduzi a ação de maneira distinta, não deixando, embora, de aproveitar, como Racine em relação a Euripedes os aspectos que me pareceram mais característicos da obra do glorioso heleno. A tragedia só é a mesma nos conceitos, na filosofia, na adaptação das cenas às necessidades da ribalta. Para representa-la à moderna tive de ageitar-lhe técnicamente os episódios, sem tirar-lhes o sabor popular[41].

Quando ajeita tecnicamente os episódios, Maul suprime os coros, transferindo alguns deles para o personagem Corifeu; promove o encontro de Antígona e Hemon, inexistente em Sófocles; faz a peça terminar com um *bife* dramático da personagem-título caminhando para a morte, com o sol "tombando no poente". Antígona enforca-se em cena e a multidão grita: "Antigona! Antigona!". Os versos de Maul são fluentes, a peça é bem construída, mas não é, em absoluto, uma tragédia. O sentido positivo da morte, que, na tragédia, tem valor de purificação, é perdido em Maul. Na *Antígona* de Sófocles é Creonte que ultrapassa o *metron*, sendo punido com as mortes do filho Hemon e da esposa Eurídice. O final grego se dá com Creonte, ou antes, com o coro, que, depois do castigo ao rei, anuncia o reestabelecimento do equilíbrio:

Destaca-se a prudência sobremodo
  como a primeira condição
para a felicidade. Não se deve
  ofender os deuses em nada.

40. C. Maul, op. cit., p. 8.
41. Idem, p. 6-7.

A desmedida empáfia nas palavras
reverte em desmedidos golpes
contra os soberbos que, já na velhice,
aprendem afinal prudência[42].

Terminando com a personagem Antígona, Maul transforma a tragédia em drama. Com a cena de Antígona enforcando-se, Maul faz perder-se também o valor da palavra, que em Sófocles é ação – é por meio da palavra que a ação se verifica. Dividindo a peça em três atos, Maul altera definitivamente a estrutura dramatúrgica da tragédia. O que fica é a história de uma mulher fiel à lei divina – lei que obriga que se enterrem os mortos –, que trava um embate contra seu tio, visto que este, em nome do Estado, havia proibido o sepultamento de seu irmão por traição à pátria. O que fica, então, é a *história*.

A recepção da platéia e da crítica é narrada pelo autor:

> Que não me enganei ao adotar esse sistema [de adaptar o texto à moderna] tive a prova no êxito triunfal da representação, no calor com que as platéias numerosas aplaudiram aqueles que com o fulgor do seu gênio de intérpretes encarnaram as figuras traçadas nas minhas estrofes. E tanto a impressão é verdadeira, que um dos críticos que mais restrições fizera ao que considerou audácia do meu lado, Eurycles De Matos, declarou que "por certo e apesar de tudo, essa Antígona seria reconhecida pelos contemporâneos de Sófocles"[43].

A declaração evidencia que a crítica, como já dissera Oscar Guanabarino[44], ignorava completamente o que se dava entre os contemporâneos de Sófocles.

No dia seguinte à estréia de *Antigona*, em que esteve presente o presidente do estado do Rio, a crítica, de fato, destaca o texto, considerando que a tragédia "não seria supportada pelas platéas modernas, não fossem os versos que se desenrolam em scena"[45].

No meio de todas as ovações ao Teatro da Natureza, aparece alguém que se levanta contra; não contra a realização artística, propriamente, mas contra o uso do espaço público para um evento – cuja opção de repertório é entendida como elitista –, que canta a glória de estar oferecendo arte para o público, como se seu interesse fosse exclusivamente cultural, e que, no entanto, cobra pelos espetáculos:

> Estranhou-se que um collaborador da *Revista da Semana*, escrevendo sobre as representações ao ar livre de um dos tres episodios tragicos da *Orestia*, discordasse do côro geral de louvôres e acclamações que saudavam a triplice iniciativa de Alexandre

---

42. Sófocles, "Édipo Rei", *A Trilogia Tebana*, p. 251.
43. C. Maul, op. cit., p. 8.
44. Ver p. 45.
45. "Artes & Artistas", *O Paiz*, 12/02/1916, p. 5.

Azevedo, de Christiano de Souza e de Luiz Galhardo: tres pessoas distinctas e um só cyclo theatral verdadeiro.

Evidentemente que é louvabilissimo o intuito de se fazer grande arte – ao menos uma vez – numa grande cidade que só parece propicia á arte microscopica. A recita de *Orestes* foi um espectaculo muito bello. Bastaria a presença de Italia Fausta no tablado, ao lado de Alexandre (a caminho de ser Magno), para que a memoravel representação da tragedia de Eschylo impusesse gratidão e respeito.

Mas nos louvôres prestados á representação de *Orestes*, parecia querer hypothecar-se o palco do Campo de Sant'Anna ao theatro classico. Nada de mais absurdo. Nas grandes capitaes da Europa, onde se agglomeraram a cultura, o dinheiro e o snobismo mundiaes, não seria possivel dar uma serie de recitas remuneradoras desse genero. A grande arte só tem como apreciadoras as *élites* mentaes e ás vezes sociaes. Como exigir do publico do Rio o sacrificio de concorrer com a fidelidade a um theatro enfeudado ás trajedias mythologicas e heroicas? O theatro ao ar livre foi uma idéa optima. A questão é saber libertal-o das obcessões do classissismo e ter a coragem de proclamar que esse theatro se faz para ganhar dinheiro e divertir o publico e não para gloria da Arte, ruina da empresa e tedio do espectador[46].

Balancete de Fevereiro Acusa Número de
Récitas do Teatro da Natureza Brasileiro[47]

Espetáculo	Número de récitas
Cavalleria Rusticana	3
Antigona	3
Bodas de Lia	4
Orestes	2

O Carnaval e o mau tempo interrompem a programação do Teatro da Natureza. O retorno fica, então, marcado para o dia 16 de março, com a estréia de *Rei Édipo*[48]. Em 14 de março, entretanto, o *Correio da Manhã* noticia que Italia Fausta está gravemente doente[49]. A estréia de *Rei Édipo* – cujo texto também não foi localizado – é adiada por mais um mês e se dá, enfim, no dia 16 de abril, com teatro lotado. Segundo o *Correio da Manhã*, teria sido justamente o adiamento de dois meses que despertara o interesse do público[50]. No dia seguinte, o jornal relata o sucesso da montagem:

A interpretação correspondeu bem á importancia artistica da obra. Alexandre de Azevedo, o actor de valor que nos habituámos já a applaudir, deu ao papel de protagonista toda a sua alma, todo o seu esforço, toda a sua intelligencia, interpretando-o condignamente. [...]
A enscenação de Alexandre de Azevedo é soberba, cuidadosamente movimentada. [...]

46. "Noticias e Commentarios", *Revista da Semana*, 19/02/1916, ano XVII, n. 2.
47. "Theatros & Cinemas", *Correio da Manhã*, 05/03/1916, p. 5.
48. Idem, 09/03/1916, p. 5.
49. Idem, 14/03/1916, p. 5.
50. Idem, 16/04/1916, p. 5.

O publico applaudiu calorosamente, demonstrando bem quanto lhe agradam récitas de arte como a de hontem[51].

Chega então a Semana Santa. O Teatro da Natureza não se furta à prática corrente de se montar peças sacras nessa ocasião. Depois de cogitar *A Vida de Christo* e *A Samaritana*, a produção escolhe encenar *O Martyr do Calvario*, de Eduardo Garrido. Várias peças sacras entram em cartaz ao mesmo tempo, todas bem sucedidas: *O Martyr do Calvario*, no Teatro da Natureza; *Jesus Christo*, no teatro São Pedro; *O Martyr do Calvario*, no teatro Carlos Gomes; *Christo no Calvario*, no teatro República; e o filme *A Vida de Christo*, no teatro São José. De todas essas montagens a do Teatro da Natureza é destacada pelo *Correio da Manhã* por sua riqueza[52].

O trecho da entrevista de Alexandre de Azevedo ao *Correio da Manhã* sobre a montagem de *O Martyr do Calvario*, citado anteriormente[53], mostra a mistura que o ator faz, ao classificar a peça como "tragédia de época", quando ela seria, na verdade, um drama, ou antes, um dramalhão, para falar com Décio de Almeida Prado:

> O teatro brasileiro, ao contrário, não atravessava uma boa fase. Estávamos reduzidos às revistas de fim de ano [...], aos dramalhões representados pela Companhia Dias Braga, uns ainda vindos do romantismo [...], outros novinhos em folha (*O Martyr do Calvario* de Eduardo Garrido, estreado em 1904), e às burletas de Artur Azevedo[54].

Eduardo Garrido, conforme coloca Luiz Francisco Rebello[55], era "um experimentado fabricante" de mágicas, e, embora *O Martyr do Calvario* não pertença ao gênero, parece ser fortemente influenciado por esse tipo de dramaturgia. Sousa Bastos define a mágica como "uma peça de grande espetáculo cuja ação é sempre fantástica ou sobrenatural e onde predomina o maravilhoso"[56]. O aparato cênico exigido por essa forma dramática fica evidenciado na citação abaixo, em que Artur Azevedo discorre acerca do trabalho do cenógrafo italiano Gaetano Carrancini no Brasil:

> O seu forte são justamente os cenários da mágica – os palácios encantados, deslumbrantes de ouro, estofos e pedrarias, de uma arquitetura revolucionária, só dele –, as praças exóticas de cidades imaginárias – as cavernas tenebrosas – os bosques misteriosos – as grutas infernais etc. As suas apoteoses nunca deixam de apresentar alguma novidade, e ele as tem pintado às centenas. Aí o cenário é sempre maquinado e o cenógrafo reclama a colaboração subalterna do carpinteiro; há flores que se transfor-

---

51. Idem, 17/04/1916, p. 5.
52. Idem, 20/04/1916, p. 4.
53. Ver p. 53.
54. D. A. Prado, "Espetáculos Ligeiros da Belle Époque", *Seres, Coisas, Lugares: Do Teatro ao Futebol*, p. 65.
55. Ver p. 23.
56. Apud D. A. Prado, "A Comédia Brasileira (1860-1908)", op. cit., p. 26.

mam em estrelas, colunas que giram, águas que jorram, grupos maravilhosamente combinados, harmonia de cores, efeitos de projeções luminosas etc[57].

O "Mistério em 5 atos e 16 quadros" de Eduardo Garrido, publicado pela Tipografia America[58] em 1904, conta a história da vida adulta de Jesus Cristo. Com 64 personagens e, mais, doutores da lei, soldados romanos, soldados hebreus, diabos, povo etc., termina numa apoteose com a crucificação e posterior ressurreição de Jesus. As rubricas exigem cenários diversos e indicam as transformações que são típicas da mágica. O quadro inicial pede:

> Na Samaria – Campo – Paizagem de aspecto bem caracteristico. – Ao fundo, terreno accidentado, com uma vereda que da direita desce a scena, terminando numa pequena curva. – É a hora do pôr do sol; nuvens roseas no horizonte. – Á direita, primeiro plano, uma pedra em que Jesus tem de sentar-se. – Á E., segundo plano, o poço onde a Samaritana vem encher d'agua o seu cantaro[59].

O quadro III – "A Prophecia de Deus" – se passa na entrada de Jerusalém em dia de sol brilhante e pede "grande decoração o mais imponente possível"[60]. "A Prisão de Jesus", no Monte das Oliveiras, tem, no segundo plano "uma árvore ou rochedo que, a seu tempo, tem de transformar-se"[61]. O mesmo quadro pede que o trainel da direita se transforme num pequeno pórtico de ouro e de pedras preciosas[62]. Depois da cena em que o personagem Judas diz seu último monólogo e se enforca, aparecem Lusbel e o séquito infernal, e "a figueira transforma-se num dragão alado"[63]. O papel do contra-regra é, pois, de suma importância, e destacado pela crítica:

> Ferreira de Souza [...] sublime na scena do enforcamento, feita com impressionante justeza de effeitos, ainda augmentado com o auxilio do contra-regra, que muito bem fez desenrolar o episodio da morte de Iscariotes, em ambiente de sombras, cortado pelo ribombo dos trovões e o estalar dos raios[64].

A montagem do Teatro da Natureza é um sucesso, como conta Mario Nunes: "o mais belo *O Martyr do Calvario* de E. Garrido, que o Rio até então assistira, e que alcançou êxito singular, sendo o cenário, de efeito, de Jayme Silva"[65]. Foi uma "enchente" de público, segundo *O Paiz*, e também de águas: choveu durante o espetáculo e o público

---

57. Idem, p. 27.
58. E. Garrido, *O Martyr do Calvario*.
59. Idem, p. 3.
60. Idem, p. 16.
61. Idem, p. 38-39.
62. Idem, p. 39.
63. Idem, p. 59-60.
64. "Artes & Artistas", *O Paiz*, 20/04/1916, p. 6.
65. M. Nunes, op. cit., p. 92.

foi obrigado a se retirar. A chuva parou em seguida e os espectadores retornaram para assistir de pé ao espetáculo, pois estava tudo alagado. Segundo *O Paiz*, a platéia manteve, ainda assim, o mesmo entusiasmo[66]. Mas nos dias que se seguiram as chuvas continuaram. A peça fora montada para ser apresentada apenas durante a Semana Santa. Estreou em 19 de abril com previsão de encerramento para dois dias depois. A chuva, entretanto, impediu tanto a matinê quanto a apresentação noturna do dia 21. Adiaram, então, a última récita para o dia 22, depois para 23, 24, 25. E continuou chovendo.

A partir da entrevista de Alexandre de Azevedo; das críticas, que exaltam os textos e os atores; de declarações como a de Coelho de Carvalho, que considera a função do ator superior à do dramaturgo[67]; da repercussão do evento, que consagra os autores e os atores, e não o encenador, conclui-se que o termo encenação aparece nas fichas técnicas tão-somente por *contaminação* das práticas cênicas européias e, na verdade, com um sentido de fixar funções e autoridades, estabelecer poderes hierárquicos; não significa aqui a emancipação do teatro como linguagem, nem concede a Alexandre de Azevedo a função de autor de uma suposta obra teatral. Alexandre é, sim, um ensaiador, responsável pela marcação da cena, pela disposição física dos elementos. Se há uma aproximação com o naturalismo, verificada numa recorrente preocupação com a reprodução da realidade, ela é muito mais dramatúrgica do que cênica. No Brasil, como em Portugal, o naturalismo é adaptado ao esquema cênico tradicional.

Outro fato que colabora significativamente para entendermos a compreensão que esses homens de teatro tinham do texto e da cena está ligado ao papel que o Teatro da Natureza – "empreendimento que deu início à sua consagração no país"[68] – exerceu na carreira de Italia Fausta. Célia Grespan, que realizou o estudo *Italia Fausta: Que Trágica é Esta?*, depara-se com o disparate entre o título dado à atriz – *a grande trágica brasileira* – e seu repertório efetivo:

As críticas e comentários sobre a atuação de Italia Fausta levam a crer que possuía as características exigidas para a tragédia e assim ela ficou consagrada. No entanto, parece haver um descompasso entre o mito de atriz trágica e a realidade de sua trajetória: ela era uma atriz integrada no mercado, em verdade a grande estrela, ou a escrava, de um mercado de colorido comercial. [...] O repertório de Itália Fausta compunha-se de peças como *Mãe* (Rossignol), *Gioconda* (D'Annunzio), *A Morgadinha de Valflor* (Pinheiro Chagas), *Phedra* (Racine), *Sangue Gaúcho* (A. Faria Rosa), *Maria Cachucha* (Joracy Camargo), *Tereza Raquin* (Émile Zola), *Antígona* (Sófocles)[69],

66. Cf. "Artes & Artistas", *O Paiz*, 21/04/1916, p. 4.
67. Ver p. 28.
68. C. Grespan, *Itália Fausta: Que Trágica é Esta?*, p. 21.
69. Trata-se, na verdade, da *Antígona* de Carlos Maul.

Inquilina de Botafogo (Gastão Tojeiro), *Magda* (Sudermann) e inúmeras outras, dos gêneros e estilos os mais variados[70].

Além das duas tragédias em que Italia Fausta atua no Teatro da Natureza – *Orestes* e *Antigona* –, há no repertório da atriz, segundo Grespan, apenas a *Phedra* de Racine. O título de "a maior trágica brasileira" pode, evidentemente, ser explicado pelo fato de ter sido o Teatro da Natureza que projetara sua carreira no Brasil e, também, como coloca Grespan, pelo talento especial da atriz e por suas características físicas e vocais consideradas apropriadas para tais peças. Embora a duração do Teatro da Natureza seja desprezível frente à longa e atuante trajetória da atriz, o evento alcançou um tal grau de prestígio junto ao público e à classe teatral, que marcou definitivamente a carreira de Italia Fausta. Entretanto, se o repertório da atriz não inclui senão uma única tragédia depois do Teatro da Natureza (e mais uma remontagem de *Orestes* e uma de *Antigona*), deve-se então acrescentar às inferências, quanto às razões pela quais a atriz auferiu o título de trágica – título que é motivo de justificado estranhamento no trabalho de Célia Grespan –, o curioso e importante fato de um ator como Alexandre de Azevedo, "cabeça" do Teatro da Natureza, não distinguir tragédia de drama – o que, na verdade, se dá igualmente com a crítica e, possivelmente, com a maior parte da intelectualidade –, pois é Alexandre que monta textos supostamente trágicos que são, na verdade, dramas que usam tão-somente a *história*, o *enredo* da tragédia original, chegando a denominar *O Martyr do Calvario* de "tragédia de época". Desta forma, se Italia Fausta atua anualmente em *O Martyr do Calvario* na Companhia Dramática Nacional, de Gomes Cardim, atua, por esta lógica, em pelo menos uma "tragédia" por ano, por ocasião da Semana Santa.

O ELENCO E AS ATUAÇÕES

Italia Fausta tem papel de destaque no Teatro da Natureza, alcançando, a partir de então, grande popularidade. Todo o elenco constituía, nas palavras de Carlos Maul, corroboradas por toda a bibliografia, "um núcleo dos maiores intérpretes da época"[71]. O Teatro da Natureza, empreendimento tido como ato de coragem e audácia de uma empresa nova, funcionou como prova de que no Rio era possível formar uma companhia de qualidade[72]. Além de Italia e Alexandre, figuravam no elenco Apolonia Pinto, Emma de Souza, João Barbosa, Ferreira de Souza,

---

70. C. Grespan, op. cit., p. 1.
71. C. Maul, op. cit., p. 5.
72. "Theatros & Cinemas", *Correio da Manhã*, 22/01/1916, p. 4.

Jorge Alberto, Mario Arozo, Pedro Augusto, Eduardo Arouca, Maria Falcão, Adelaide Coutinho, Francisco Marzulo, Judith Rodrigues e Luís Soares, além de cem comparsas. Mas Italia Fausta e Alexandre de Azevedo foram os "reis da festa".

Alexandre esteve no Brasil pela primeira vez em 1904, quando veio como ator da companhia do Teatro Carlos Alberto, da cidade do Porto. Quando voltou em 1913, com a companhia formada com Adelina Abranches, apresentou a peça *A Menina do Chocolate*, que foi um grande sucesso no Rio. Permaneceu no país, segundo Mario Nunes, durante todo o ano de 1914 e, em 1915, ficou retido aqui devido à guerra. A companhia Alexandre de Azevedo – Adelina Abranches se dissolveu aqui. Por ocasião do Teatro da Natureza, Alexandre já era reconhecido:

> Que dizer de Alexandre de Azevedo? Se a sua fama de actor não estivesse ha muito formada, se o seu talento não fosse de facto ha muito reconhecido a récita de ante-hontem com *Orestes* seria o sufficiente para o collocar a par dos mais distinctos actores da lingua portugueza[73].

O mesmo "ilustre crítico de arte europeu"[74] refere-se a Alexandre de Azevedo como

> a alma apaixonada da iniciativa no Brasil, como já o fôra em Portugal. Sentindo e interpretando á maravilha as figuras classicas, só nellas se pode reconhecer o valor do seu talento artistico, gasto num trabalho inglorio do superficial theatro francez, que ha annos vem fazendo, quasi [ilegível[75]], no Brasil[76].

Mesmo Oscar Guanabarino, que duvidou, acabou se rendendo: "Quem diria que o actor Alexandre de Azevedo daria um bello Orestes?"[77].

Italia Fausta, que "voltara ao Brasil precedida dos maiores elogios da imprensa portuguesa e que aos olhos de Cristiano de Souza seria a grande atriz trágica com que nosso teatro iria passar a contar"[78], é anunciada também pelo "crítico ilustre":

> Electra vae ter uma interprete que é hoje, no theatro onde se fala a lingua portugueza, a unica capaz de attingir á grandeza da figura. Italia Fausta, artista de que o Brasil se pode com justiça orgulhar, vae ser uma verdadeira surpresa para o educado publico do Rio, constituindo um desmentido flagrante aos que apregoam a cada passo a carencia de artistas brasileiros[79].

73. Idem, 25/01/1916, p. 5.
74. Ver p. 60.
75. O mais provável é que a palavra seja *exclusivamente*.
76. *Correio da Manhã*, 21/01/1916, p. 5.
77. "Artes & Artistas", *O Paiz*, 24/01/1916, p. 5.
78. G. A. Dória, op. cit., p. 10.
79. *Correio da Manhã*, 21/01/1916, p. 5.

E a atriz ainda surpreende os jornalistas brasileiros, que foram ao Theatro Municipal para assistir ao ensaio de *Orestes*: "Italia Fausta foi de facto uma surpresa geral. Figura, attitude, voz, intuição scenica, profundissimo conhecimento da arte de representar e de declamação, não omittindo o menor detalhe, a artista patricia revelou-se uma excellente artista"[80]. Sua atuação em *Orestes* foi comentada por vários dias:

> A Sra. Italia Fausta, incontestavelmente a interprete que mais vibrou, vestindo-se como numa luva no papel de *Electra*, salvaria por si só, a tentativa do parque de Sant'Anna. Manteve-se dentro da linha antiga, de princípio ao fim, jogando os lances mais intensos com uma perfeição digna de applausos[81].

"A segunda recita de assignatura foi destinada, pela empresa, à reapparição da distincta actriz Maria Falcão, que ao Cyclo Teatral e especialmente ao Theatro da Natureza, presta o seu valioso concurso"[82]. A atriz "volta ao teatro muito instada, por se tratar de verdadeira manifestação de arte"[83]. Tratava-se do espetáculo que apresentava as peças *Bodas de Lia* e *Cavalleria Rusticana*, de que Italia Fausta não participou.

Alexandre de Azevedo foi aplaudido fervorosamente em *Cavalleria Rusticana*, logo no começo da apresentação,

> ao se fazer ouvir na siciliana, que elle cantou discretamente, demonstrando possuir uma voz firme, bem timbrada e um tanto cançada.
> O publico fel-o vir á scena, fazendo-lhe uma ovação. [...]
> Toda a agonia que precede a morte foi uma magistral demonstração dos grandes dotes de artista e do acurado espírito de observação do interprete de Turiddu.
> O publico fez-lhe então uma estrondosa ovação[84].

A crítica de Oscar Guanabarino para *Cavalleria Rusticana* aponta "um verdadeiro duelo artístico entre Maria Falcão e Alexandre Azevedo", ambos aclamados pela platéia: "A morte de Turiddu foi como que um pesadelo para o publico, tal a verdade representativa; e esse pesadelo teve a sua reacção nas enthusiasticas acclamações do publico"[85].

O espetáculo seguinte – *Antigona* – é anunciado como "um dos mais importantes commettimentos artisticos do Brazil". E Italia Fausta exubera, encantando a todos: "A scena do suicidio de Antigona, fal-a Italia Fausta de um modo tal que constitue um facto absolutamente inedito nos annaes do theatro contemporaneo"[86]. O trecho abaixo, destacado do *Correio da Manhã*, mostra que já em *Antigona* Italia estava consagrada:

---

80. "Theatros & Cinemas", *Correio da Manhã*, 19/01/1916, p. 5.
81. "Últimas Informações", *Correio da Manhã*, 24/01/1916, p. 4.
82. "Theatros & Cinemas", *Correio da Manhã*, 17/01/1916, p. 5.
83. M. Nunes, op. cit., p. 70.
84. "Últimas Informações", *Correio da Manhã*, 02/02/1916, p. 5.
85. "Artes & Artistas", *O Paiz*, 02/02/1916, p. 5.
86. Idem, 11/02/1916, p. 4.

O desempenho de *Antigona* correu de molde a não fazer decair do conceito que já conquistou a companhia que tomou sôbre seus ombros a grande responsabilidade de criar no Rio o teatro ao ar livre. Itália Fausta foi a protagonista. E citado o nome da distinta e talentosa atriz, cujos excepcionais méritos o nosso público sagrou de modo indiscutível desde sua estréia, desnecessário se torna dizer que *Antigona* viveu ontem no palco do teatro do parque da Praça da República com todo o brilho, toda a correção e toda a galhardia artísticas[87].

Nesse espetáculo, Mario Nunes faz restrição ao desempenho de Alexandre: "Mereceram mais entusiásticos aplausos, pela dicção clara e expressiva, João Barbosa e Jorge Alberto, colocando a representação ao lado da de Italia; o mesmo podendo acontecer a Alexandre Azevedo, se melhor soubesse o seu papel"[88]. Note-se que a questão do uso da voz aqui é de chamar a atenção. Mesmo sem uma ladeira que servisse de anteparo natural para o som e que proporcionasse condições acústicas favoráveis aos atores, como acontece no Bohemian Grove Theatre[89], os atores do Teatro da Natureza brasileiro são perfeitamente ouvidos, ao que parece, por toda a assistência. Mesmo em um espaço aberto e com um público da ordem de milhares, João Barbosa e Jorge Alberto são entendidos clara e expressivamente; a voz de Italia Fausta, da mesma forma, ecoa pelo Campo de Sant'Anna.

Italia Fausta adoeceu em março e, talvez por conta disso, não tenha atuado em *Édipo Rei* nem em *O Martyr do Calvario*. Os personagens femininos de maior relevância dessas duas peças são entregues, então, a Adelaide Coutinho, "uma das figuras mais em evidência no teatro do Brasil"[90], que estréia no Teatro da Natureza no papel de Jocasta.

O estilo de representação praticado pelos atores do Teatro da Natureza pode ser deduzido tanto por meio da reiterada comparação estabelecida pela imprensa entre esses artistas e os atores da Comédie Française – comparação amparada certamente pela declarada postura adotada pelo próprio Alexandre de Azevedo de tomar o teatro clássico francês como seu referencial –, quanto pela descrição que o ator-ensaiador faz de seu processo de construção de personagem. Em diversas matérias sobre o Teatro da Natureza, seja em *O Paiz*, seja no *Correio da Manhã*, encontram-se comentários tais como este, que trata das atuações de João Barbosa e Ferreira de Souza em *Antigona*:

> João Barbosa fará o Coripheu, que em Paris foi magistralmente interpretado por Albert Lambert, na Comedia, e Ferreira de Souza dará, certamente, ao Kreon, uma interpretação brilhante, que desde já, segundo nos informam, póde ser comparada á que ao mesmo personagem foi dada em Paris por Mounnet-Sully[91].

87. Apud C. Maul, op. cit., p. 9.
88. M. Nunes, op. cit., p. 92.
89. Ver p. 21.
90. M. Nunes, op. cit., p. 92.
91. "Artes & Artistas", *O Paiz*, 11/02/1916, p. 4.

Ou como o do seguinte trecho tirado de *O Paiz*, que aparece *ipsis litteris* no *Correio da Manhã* e que se repete por alguns dias nesse jornal: "O Rei Édipo é a coroa de gloria do grande tragico francez Mounnet-Sully, e com Alexandre Azevedo, que tem a seu cargo o papel de protagonista, terá elle desempenho condigno com o valor da obra e dos seus anteriores interpretes"[92].

O método de criação de um papel, relatado por Alexandre de Azevedo ao se referir ao personagem Jesus de *O Martyr do Calvario*, é colocado no jornal nos seguintes termos:

> O papel de Jesus Christo será interpretado por Alexandre de Azevedo, que nos vae apresentar um trabalho de analyse e de observação rigorosa, baseada exclusivamente nas descripções dos textos sacros.
> Alexandre de Azevedo não nos vae dar o Christo de olhar mortiço e faces mascaradas das télas e das [ilegível], mas sim o Christo philosopho, mixto de visionario e revolucionario, homem intelligente e energico, mas sentimental e bom [...][93].

E mais tarde é o próprio Alexandre que revela, em entrevista, o seu trabalho de composição:

> CM – E o seu papel? Como estudou o personagem de Jesus?
> AA – Como Deus e como homem. Como Deus – o espirito omnipotente que se sente e se admira, desde os raios faiscantes do sol, até á frouxa e mortiça phosphorecencia do pyrilampo mas que não se vê e não se toca – adivinha-se e contempla-se, com os olhos da alma. O Jesus-Deus, loiro Nazareno todo amor e ternura, todo meiguice e perdão; o Jesus, a quem balbuciamos as nossas primeiras orações, ditadas por nossas mães e nossas avosinhas; o Jesus-homem, aquelle que se contempla na cruz, na Biblia e na Historia, sangrando, padecendo os martyrios da sêde, os desalentos do horto das Oliveiras, a colera deante dos vendilhões do Templo, todas as dôres e todas as fraquezas da carne, a que, por sua propria vontade, se condemnou, vestindo o envolucro da materia, – o unico homem puro! Se tivesse de interpretar Jesus, só em espirito, não me atreveria, porque não ha homem que se possa divinizar! Vou, portanto, fazer um Deus-homem! Não andarei em toda a peça, com os olhos postos no céo, porque isso prejudica a verdade do typo de Jesus e os effeitos que do papel se possa tirar. Não quer isso dizer que vá fazer de Jesus um homem-santo. Pretendo faze-lo um Homem-Deus! Serei homem quando humano, e divino quando Deus[94].

O norte da compreensão criativa de Alexandre se orienta pela noção naturalista de reprodução fiel da realidade, que pretende transportar o real para a cena. Busca-se uma verdade que pertence ao mundo real, exterior à cena. É a mesma verdade que, segundo o crítico, fora o pesadelo do público na *Cavalleria Rusticana*, e que fez o público esquecer que estava no teatro em *Orestes*. A construção do personagem utiliza como método a observação do mundo real e foi assim que, quase *cientificamente*, o "artista correctissimo [...] fez da psychologia de Christo

---

92. Idem, 26/02/1916, p. 4.
93. "Theatros & Cinemas", *Correio da Manhã*, 15/04/1916, p. 5.
94. Idem, 17/04/1916, p. 5.

um estudo profundo e cuidadoso, baseando-se para isso em informações colhidas nos textos sagrados"[95].

A crítica destaca o trabalho de composição de Alexandre de Azevedo em *O Martyr do Calvario*, a última peça montada pelo Teatro da Natureza, e consegue verificar a concretização da intenção do ator de reproduzir o real:

> Foi o que já se esperava a representação, hontem, no theatro da Natureza, do drama sacro *O Martyr do Calvario*, que, pela primeira vez, vimos posto em scena com a grandiosidade que o assumpto requer, isto é, montado com propriedade e representado por artistas dignos desse nome, como os que melhor o sejam. [...]
> Alexandre Azevedo compoz admiravelmente a figura de Jesus Christo, dando-nos a reprodução fiel de uma imagem artistica, finamente trabalhada por esculptor dos mais notaveis. [...]
> Porte, attitude, composição da figura, principalmente da cabeça, a nenhum detalhe se esquivou o artista para que o publico do theatro da Natureza saisse com a impressão, com que realmente saiu, de que tinha visto qualquer coisa de artistico, de impressionante e de profissionalmente honesto[96].

Todas estas noções, entretanto, confrontam-se, de chofre, com o espaço de representação. A idéia de psicologização da interpretação supõe uma interiorização, compatível somente com uma cena intimista, o que se choca com a monumentalidade daquele espaço. A questão da atuação entraria, então, numa contradição insolúvel, se não se considerasse que a execução, muito certamente, se afastava da proposta, como fica evidente, por exemplo, na descrição de Mario Nunes para a interpretação de Italia Fausta em *Antigona*: "Admirável o trabalho de Italia Fausta, que, encarnando a desgraçada protagonista, atingia freqüentemente a sublimidade, pela verdade das inflexões justas, cheias de majestade e relevo. Os gestos largos e severos complementam as atitudes dignas e belas"[97].

A MÚSICA

Um grupo de jornalistas foi assistir ao primeiro ensaio de conjunto de *Orestes*, que aconteceu no teatro Phenix, e "ficou satisfeito, não só com a justeza da marcação da encenação, como, principalmente, com o effeito das massas coraes, cuja sonoridade e afinação excedem tudo quanto seria lícito esperar"[98]. O coro era composto de cem integrantes masculinos e femininos, e era ensaiado pelo maestro Fran-

---

95. "Artes & Artistas", *O Paiz*, 21/04/1916, p. 4.
96. Idem, 20/04/1916, p. 6.
97. M. Nunes, op. cit., p. 92.
98. "Theatros & Cinemas", *Correio da Manhã*, 16/01/1916, p. 5.

cisco Nunes, presidente da Sociedade de Concertos Symphonicos. Francisco Nunes organizou também a orquestra composta de oitenta professores,

> obedecendo absolutamente às regras de composição orchestral: uma das quaes, primordial, indica que os naipes de cordas devem representar dois terços da totalidade da orchestra. No Rio de Janeiro é sempre difícil obter grandes massas de instrumentos de corda, mas Francisco Nunes, applicando o seu esforço nesse sentido, conseguiu o seu "desideratúm"[99].

A regência coube ao maestro Luiz Moreira. Além da orquestra, formou-se uma banda de dezesseis trombetas[100].

A música foi composta, especialmente para os espetáculos, pelo maestro Assis Pacheco. Apesar de a música grega antiga ter-se perdido, a companhia anuncia que as composições teriam se baseado em motivos gregos, a partir de um manuscrito encontrado na Torre do Tombo, em Lisboa[101]. Os originais foram procurados nos setores de partituras e de manuscritos da Biblioteca Nacional, sem sucesso.

TRISTE FIM DO TEATRO DA NATUREZA

O fim do Teatro da Natureza é comumente atribuído às chuvas torrenciais de verão e também ao sol, que teria sido o causador da transferência de uma matinê de *Orestes* para o Teatro Lírico, no dia 6 de março de 1916: "O Teatro da Natureza, que não obteve o êxito merecido, porque o tempo contra ele se levantou, abrindo os diques celestes, constitui um acontecimento notável e inesquecível para os que amam o desenvolvimento da arte dramática"[102]. Carlos Maul entende a não continuidade do empreendimento de maneira diferente e apresenta uma outra causa:

> O povo recebeu a empreza com entusiasmo, e se não houve continuidade no esfôrço para que se estabelecessem temporadas periódicas e certas de representações do gênero, deve-se isso à falta de cuidados maiores dos que se entregavam à exploração do teatro como indústria lucrativa e não mostravam interesse maior no capítulo da educação, que este compete aos governos[103].

Oscar Guanabarino, que inicialmente via de maneira cética a idéia do Teatro da Natureza, é da mesma opinião. Embora destaque o com-

---

99. Idem, ibidem.
100. Idem, 22/01/1916, p. 4.
101. Cf. "Artes & Artistas", *O Paiz*, 24/01/1916, p. 5.
102. M. Nunes, op. cit., p. 92.
103. C. Maul, op. cit., p. 6.

parecimento de Nilo Peçanha à estréia de *Antigona*, reclama a ausência das demais autoridades nos espetáculos:

> Pena é que o Dr. Rivadavia Correia não queira deixar o seu nome ligado a esse marco da história das artes no Brazil, assim como é lamentavel que o Conselho Municipal não tenha no seu seio um espirito fortemente artistico para amparar essa idéa e dar-lhe o necessario impulso[104].

De fato, não há dúvida de que a chuva atrapalhou demais. Por outro lado, o apoio das autoridades seria fundamental para o projeto – mas se ele existisse. O que se deu, na verdade, foi que não havia um projeto para dar seqüência aos cinco espetáculos previstos inicialmente, e essa pode ser apontada como a principal causa para o fim do Teatro da Natureza. Assim, o assunto vai simplesmente desaparecendo da mídia. Depois da suspensão da última récita de *O Martyr do Calvario*, surgem, esporadicamente, algumas manifestações de desejo de retomada, propondo possíveis usos para o espaço, e, no dia 3 de maio, sai a última notícia localizada durante a pesquisa, que fala de negociações para se montarem óperas no Teatro da Natureza pela companhia Rotolli e Billoro[105]. O Teatro da Natureza termina tristemente sem ao menos um grande final.

Calote, fuga e cinismo tornam ainda mais patético o seu desfecho:

> A Companhia de Revistas organizada sob a égide do Ciclo Teatral para o Palace Theatre, por Luís Galhardo, dissolveu-se em março, e iam mal os negócios do Teatro da Natureza... Um belo dia, em agôsto, Luís Galhardo embarcou para Portugal, e ao ser decretada falência do Ciclo Teatral, que dava à praça um prejuízo de 200 contos, declarou trêfegamente, à imprensa lisboêta, que nada tinha que ver com o Ciclo![106]

Apesar disso, porém, sua repercussão é positiva, o que dá uma conotação *trágica* à história do Teatro da Natureza, no sentido que seu fim deságua na *purificação* do cenário teatral imediatamente subseqüente.

---

104. "Artes & Artistas", *O Paiz*, 12/02/1916, p. 5.
105. Idem, 03/05/1916, p. 4.
106. M. Nunes, op. cit., p. 87.

3. A Repercussão

Coro – Quando ele veio de longes terras
sua presença foi para nós
aqui em Tebas um baluarte [...][1]

A análise da repercussão que o Teatro da Natureza apresentou no cenário teatral do Rio de Janeiro pode revelar seu sentido histórico.

Ainda que a "pobreza" estivesse alijada daquele evento, ainda que o público-alvo fosse a elite, ainda que se anunciassem récitas distintas para "as populações menos abastadas", a diferenciação e a disposição dos lugares reservados ao público nas instalações do Teatro da Natureza, bem como o número de pessoas que compareceu aos espetáculos, permitem supor uma certa heterogeneidade da assistência. Considerando-se que o público alcançou, em média, dez mil espectadores por noite, e que era composto tanto pelos ilustres freqüentadores dos camarotes, quanto por espectadores que assistiram em pé aos espetáculos, pode-se inferir que diferentes classes participaram simultaneamente das apresentações do Campo de Sant'Anna. Se, por um lado, a distinção dos assentos é anti-democrática, no sentido que não oferece qualidade de visibilidade e de conforto igual a todos os espectadores, por outro, a correspondente distinção de preços torna possível que pessoas com diferentes níveis de poder aquisitivo consigam pagar pelos ingressos. O Teatro da Natureza proporcio-

1. Sófocles, "Édipo Rei", *A Trilogia Tebana*, p. 83.

na, então, uma experiência ímpar ao público teatral do Rio de Janeiro, promovendo um feito inédito na cidade: a cena carioca, dividida social e esteticamente, experimenta, de alguma maneira, naquele momento, um certo apagamento da linha divisória que separava as camadas sociais, que não se encontravam nos mesmos teatros para assistir aos mesmos espetáculos. O Teatro da Natureza realiza ainda os desejos da classe teatral: os espetáculos são efetivamente bem realizados e oferecem produções de qualidade ao público. Assim, a elite, a quem se reclama a presença nas produções nacionais, pode satisfazer seus "anseios artísticos" e o "público comum", por seu turno, tem outra opção além das diversões oferecidas pelo teatro ligeiro. Conquista, desde modo, o público brasileiro, no sentido abrangente que se almejava então. Portanto, apesar de não se simpatizar aqui com termos tais como *divisor de águas*, *marco inicial*, ou títulos equivalentes, que se fazem associar a fatos históricos para que estes possam gozar destes estatutos, pode-se dizer que o Teatro da Natureza é expressivamente representativo da virada que o teatro nacional já vinha apontando, virada esta que teve como conseqüência, conforme expõe Mario Nunes, a presença do público brasileiro nas platéias das companhias nacionais nos anos seguintes. Um ano depois da estréia do Teatro da Natureza, a situação do teatro nacional, no dizer de Mario Nunes, é alvissareira. O autor comemora o ano de 1917:

> O caudal ia engrossando, o teatro brasileiro ia tomando corpo. A Leopoldo Fróes, Alexandre Azevedo, Cristiano de Souza e a outros esforços menores que não devem ser subestimados, vinha se juntar Gomes Cardim que, apoiado no valor dramático de Itália Fausta e, colocando-se em plano mais elevado que o da comédia ligeira, entrou na liça, destemeroso[2].

E o Teatro da Natureza ainda repercutia: "Estávamos no primeiro quartel do ano que ia ficar assinalado como um promissor e frutuoso início de jornada, e o cronista, que a impaciência não tornara pessimista, não se deslembrava de Itália Fausta e do Teatro da Natureza"[3].

Do ano de 1918 o autor dá o resumo: "Intensa a vida teatral. Comparece o público às companhias nacionais como às estrangeiras"[4]:

> Possuíamos afinal, o nosso teatro – milagre da persistência e da resistência dos que dele se ocupavam e o haviam imposto à população do Rio, que freqüentava normalmente, todas as casas de espetáculo, ocupadas por elencos de artistas, aqui nascidos ou nacionalizados.
> Firmadas no conceito público destacavam-se as companhias de comédia Leopoldo Fróes, Cristiano de Sousa e Alexandre Azevedo. [...]
> Um outro valor porém, solidificou a obra iniciada no ano anterior: A Dramática de São Paulo que passará a ser Dramática Nacional, em plano mais elevado, o chamado grande teatro.

2. M. Nunes, *40 Anos de Teatro*, p. 105.
3. Idem, p. 107.
4. Idem, p. 131.

Pode-se considerar vencedora, definitivamente, a arremetida de Gomes Cardim e Itália Fausta, uma vez que conta com o apoio do público[5].

É evidente que a história não termina aí, e que a relação entre a atividade teatral e o público seguirá sua conturbada trajetória. Mas, efetivamente, uma mudança se dá nesse momento, e o público, como um todo, passa a reconhecer as produções nacionais.

E aqui se chega à questão talvez mais relevante a ser pensada com relação à repercussão do Teatro da Natureza, a questão da persistência do repertório. Esta reflexão se liga intimamente à hipótese levantada por este trabalho.

Logo depois de *O Martyr do Calvario* não acontece mais nada no Teatro da Natureza. As poucas idéias aventadas para seu uso não se realizam. As atividades de Alexandre de Azevedo neste teatro se encerram em 20 de abril, e é ainda neste mês que o ator organiza outra companhia com Emma de Souza, Maria Castro, Judith Rodrigues, João Barbosa, Ferreira de Souza, Antônio Serra, F. Mesquita e Luiz Soares, cujo lançamento se deu no Teatro Carlos Gomes, quando foi montado o "drama popular" *A Guerra*, de Luiz Galhardo e Avelino de Souza. Logo em seguida, no dia 3 de maio, Alexandre reinaugura o Teatro Trianon, recém-reformado, com elenco formado por Adelaide Coutinho, Auricélia Castro, Antônia Denegri, Brasília Lázaro, João Barbosa e Ferreira de Souza. Segundo Mario Nunes, o repertório, constituído de comédias, incluía, entre outras peças, as seguintes:

– *Vinte Dias à Sombra*, de Pierre Weber – peça leve, bem urdida, bastante engraçada
– *O Inviolável*, de Maurício Hennequin – comédia de intrigas francesa
– *O Águia*, de Nancey e Armont
– *Boa Rapariga*, de Sabatino Lopes
– *A Linda Funcionária*, de A. Capus
– *Maridos Alegres*, tradução de Luiz Palmerim[6].

Destaque-se o comentário de Mario Nunes sobre *Boa Rapariga*:

Rara ocasião de aplaudir sincera e entusiasticamente, o teatro que desejamos. Há muito tempo não se encena peça de tanto valor [...]. Nela estreou, em comédia, Cremilda de Oliveira, estrela de opereta. [...] Justos aplausos merecem-nos, também, Brasília Lázaro, ingênua adorável[7].

Era então este o teatro que se desejava: mais uma vez se confirma que a intenção daqueles cuja pretensão seria a renovação do teatro nacional era reestruturar o repertório e passar a montar dramas e, sobretudo, comédias de costumes.

5. Idem, ibidem.
6. Idem, p. 93.
7. Idem, ibidem.

Como observação, note-se ainda que o Cyclo Theatral Brasileiro organiza, paralelamente ao Teatro da Natureza, uma companhia de operetas, revistas e *féeries* que, instalada no Palace-Theatro, estréia no dia 15 de janeiro e se dissolve em março[8]. Ao longo desses dois meses, o Cyclo paga por um espaço no jornal para anunciar, num mesmo quadro, todas as peças da empresa – tanto as do Teatro da Natureza, quanto as do Palace-Theatro. No dia 15 de fevereiro, a página 14 do *Correio da Manhã* exibe o que há de mais curioso: postos lado a lado, na publicidade do Cyclo, estão os anúncios das peças *Antigona*, do Teatro da Natureza, e *De Pernas Pr'o Ar*, cujo grande chamariz é a epígrafe *Crítica ao Teatro da Natureza!* Algumas revistas então em cartaz no Rio de Janeiro parodiam o Teatro da Natureza, e uma delas é produção do próprio Cyclo Theatral Brasileiro. A empresa consegue acender uma vela para o *santo* e outra para o *coisa ruim*...

Sobre o repertório futuro de Italia Fausta, que segue outro caminho que não o da comédia, Grespan considera:

> Foram mantidas as representações de tragédias, como *Antigona*, *Orestes*, e *Phedra*, mas não se pode dizer que elas fossem um ponto de destaque, ou ao menos que estivessem presentes na maioria das temporadas. Ao contrário, elas foram apresentadas com cuidado, especialmente em *tournées* e festas em homenagem a atores ou outras comemorações [...]. Às vezes, eram também apresentadas apenas em parte [...]. Além do mais, excetuando *Phedra*, nenhuma nova tentativa foi feita[9].

O repertório "trágico", como projeto, não persiste; o Teatro da Natureza converge para o renascimento do drama e da comédia de costumes – desta última especialmente –, gêneros que integram o repertório do então chamado "teatro sério". O teatro moderno, que se iniciará de fato no Brasil na década de 1940, não se insinua nem em germe no Teatro da Natureza. Montar "clássicos gregos" foi então só uma moda que passou rapidamente.

Na História do Teatro Brasileiro, essa moda vem e vai. No prefácio de *Antigona*, Carlos Maul conta sobre a retomada da "moda do teatro grego", em 1949:

> O teatro grego está novamente na moda, e desta feita protegido pela simpatia de estudantes [...]. Puzeram-no em cena num palco improvisado na escadaria imponente do palacio da Fazenda, um edifício neo clássico que possue todas as qualidades para as representações desse tipo e destinadas ao povo, o grande caluniado a quem, em geral, se dá como único alimento à sua velha e instintiva fome de cousas belas e comoventes, a rude facécia das burletas obcenas, quando êle péde na sua simplicidade os autênticos dramas humanos que os seus antepassados da Grecia heroica aplaudiam nas arenas em praça pública, sob a invocação de Dionisio.
> Novamente na moda. Escrevi-o de caso pensado, porque o que aí se tem oferecido aos espectadores nesse campo da arte, repete de maneira diferente na aparência e com

---

8. Cf. Idem, p. 103.
9. C. Grespan, *Itália Fausta: Que Trágica é Esta?*, p. 33.

elementos diversos ao que se lançou no Brasil, pela primeira vez, em 11 de fevereiro de 1916[10].

Essa moda de 1949 referida pelo autor liga-se, certamente, a uma informação obtida por acaso. Enquanto pesquisava o dossiê do Campo de Sant'Anna, no acervo da Fundação Parques e Jardins, na busca de documentos que registrassem o Teatro da Natureza de 1916, foi encontrado um recorte de jornal – que tratava, na verdade, da construção de uma nova catedral no Campo – que deixava entrever apenas o título de uma outra matéria do periódico carioca *O Jornal*, de 16 de setembro de 1948: *Teatro da Natureza na Quinta da Boa Vista*. Entretanto, na pasta da Quinta da Boa Vista, outro parque municipal do Rio de Janeiro, não havia nada sobre o assunto[11]. Para apurar a questão, o periódico foi buscado no acervo da Biblioteca Nacional e a referida matéria dizia: "Passando à Ordem do Dia, foi aprovado em terceira discussão o projeto 70, que cria um teatro na Quinta da Boa Vista – Teatro da Natureza – que ficará sob a dependência da Secretaria de Educação e Cultura"[12]. O assunto ainda carece de investigação e merece ser pesquisado. Fica, pois, como possível extensão deste trabalho.

A repercussão na vida dos atores deve ser, mais uma vez, marcada aqui. Especialmente na de Alexandre de Azevedo e de Italia Fausta. Todas as resenhas sobre o ator apontam o Teatro da Natureza como o grande feito de sua vida artística. Foi como o seu criador que Alexandre de Azevedo entrou para a história. A "Deusa da Tragédia", por sua vez, teve seu nome associado a um teatro – não qualquer tipo de teatro – descrito pelo periódico carioca *Jornal do Brasil*, na coluna "Panorama do teatro", de 22/09/1966: "na aldeia de Arcozelo, o Teatro Italia Fausta, um belo teatro ao ar livre com arquibancadas de pedra como nos teatros antigos da Grécia e de Roma"[13].

O Teatro da Natureza dá prestígio ao teatro nacional e gera uma série de discussões capitais para os homens de teatro que estavam, naquele momento, se questionando sobre a atividade teatral brasileira. Tanto nos textos da imprensa quanto nos temas discutidos pela classe artística e pelos intelectuais, aparecem, por conta de seu surgimento, questões tais como as oposições arte *versus* diversão e arte *versus* mercado; a capacidade profissional dos artistas e técnicos brasileiros de realizar uma produção de qualidade; a viabilidade de se constituir um elenco nacional (ou luso-brasileiro) permanente, uma companhia

10. C. Maul, *Antigona*, p. 5.
11. Como curiosidade: no dossiê da Quinta da Boavista havia um recorte que comentava a construção do monumento Templo de Apollo, cuja data de criação não se tinha certeza: ou seria de Glaziou (cujas obras iniciaram-se em 1868) ou conseqüência da reforma da Quinta realizada entre 1907 e 1910.
12. *O Jornal*, 16/09/1948, p. 5.
13. Apud C. Grespan, op. cit., p. 2.

que congregasse vários grandes atores – diferente das companhias que possuíam uma grande estrela e outros atores que lhe serviam de *escada*; o papel do poder público na cultura; o gosto do público. Todas essas questões, apontadas ao longo do segundo capítulo, movimentam o teatro nacional do período no campo das idéias, ampliando ainda mais a relevância do efêmero Teatro da Natureza.

4. Coda: Encruzilhada Tríplice

No ponto em que as estradas de Delfos e de Dáulia se cruzavam, Édipo viajava em sentido contrário ao do carro que levava Laio e o pequeno séquito que o acompanhava. O protagonista de Sófocles partira de Corinto para fugir das predições do oráculo, que anunciara que ele mataria seu pai e se casaria com sua própria mãe. O arauto e o próprio Laio empurram Édipo com violência para fora do caminho. Édipo é tomado pela cólera e mata a todos, inclusive Laio, deixando escapar apenas um criado. Naquele ponto da estrada – uma encruzilhada tríplice – Édipo encontra os três vetores temporais de seu destino: seu presente, seu passado, seu futuro; três tempos que se entrelaçam naquele exato instante. Para fugir de seu futuro, Édipo parte justamente ao seu encontro: ao matar Laio, seu pai – fato que desconhece – precipita o futuro, convertendo-o em presente. Seu passado também está ali, na própria figura de Laio. Ao assassinar o rei de Tebas, torna vago o trono e o leito que ocupará em seguida, cumprindo então todas as predições. Toda a sua história se dá naquela encruzilhada. E aqui se encontram, pela última vez, o Teatro da Natureza e Édipo: é numa tripla encruzilhada – outra – que se define a história da criação e da trajetória do Teatro da Natureza.

O primeiro vetor que constitui a história do Teatro da Natureza é o tempo – o tempo presente: o Teatro da Natureza está situado na sua época, época que acabou ganhando um nome infeliz. Três décadas de história, período de muitas e intensas mudanças, enformadas numa denominação que reporta a um tempo posterior – "Pré-Modernismo".

O Teatro da Natureza não é pré-modernista, nem precursor; não é *pré* em nada. É, outrossim, um acontecimento indicativo do presente. Do seu presente. O tempo cruza o segundo vetor, o espaço. E o espaço é o aqui: o Teatro da Natureza não é de nenhum lugar, a não ser daquele Rio de Janeiro, o Rio daquela gente, daquele teatro. E, por fim, o terceiro vetor: o desejo. O Teatro da Natureza não é oco de sentido; é fruto de um desejo comunitário.

São estas as três forças – em nenhuma ordem – de cujo cruzamento se faz sua epifania. E que determinam sua trajetória, trajetória trágica de alto brilho, luminosidade heróica e de fim sombrio.

Referências Bibliográficas

LIVROS E MONOGRAFIAS

ABRANCHES, Adelina. *Memórias*. Apresentação de Aura Abranches. Lisboa, Edição da Empresa Nacional de Publicidade, 1947.

ABREU, Bricio de. *Esses Populares Tão Desconhecidos*. Rio de Janeiro, E. Raposo Carneiro Editor, 1963.

BARRETO, Lima. *Triste Fim de Policarpo Quaresma*. 23ª ed. São Paulo, Ática, 1999. (Série Bom Livro)

BASTOS, Sousa. *Dicionário de Teatro Português*. Coimbra, Minerva, 1994.

BERTHOLD, Margot. *História Mundial do Teatro*. São Paulo, Perspectiva, 2000.

BIBLOS. *Enciclopédia Verbo das Literaturas de Língua Portuguesa*. v. 1. Lisboa, São Paulo, Editorial Verbo, 1995.

BORBA, Tomás; GRAÇA, Fernando Lopes. *Dicionário de Música (Ilustrado)*. v. 1. Lisboa, Edições Cosmos, 1962, p. 294.

BOZZETTI, Cesare. *Il Teatro del Secondo Ottocento*. Torino, Unione Tipografica-Editrice Torinese, 1960, p. 489-497. (Classici Italiani, v. 97)

BROCA, Brito. "A Grécia no Brasil". In: *A Vida Literária no Brasil – 1900*. 2ª ed. Rio de Janeiro, Livraria José Olympio Editora, 1960, p. 102-108. (Coleção Documentos Brasileiros, n. 108)

CANDIDO, Antonio. "O Mundo-Provérbio". In: *O Discurso e a Cidade*. São Paulo, Duas Cidades, 1993, p. 95-122.

CARLSON, Marvin. "Os Primórdios do Século XX (1900-1914)". In: *Teorias do Teatro: Estudo Histórico-Crítico, dos Gregos à Atualidade*. Tradução Gilson César Cardoso de Souza. São Paulo, Fundação Editora da Unesp, 1997, p. 295-328.

CARVALHO, José Murilo de. "Aspectos Históricos do Pré-Modernismo Brasileiro". In: *Sobre o Pré-Modernismo*. Rio de Janeiro, Fundação Casa de Rui Barbosa. Centro de Pesquisas. Setor de Filologia, 1988, p. 13-21.

CASTRO, Cacilda de. *Merlim e Veviana*. Lisboa, Cernadas & C.ª Livraria Editora, 1911.

CHENEY, Sheldon. *The Open-Air Theatre*. (Reimpressão de *The Open-air Theatre*. New York, Mitchell Kennerley, 1918), New York, Kraus Reprint Co., 1971.

CRAIG, Edward Gordon. *On the Art of the Theatre*. London, Mercury Books, 1962.

CRUZ, Duarte Ivo. *Introdução ao Teatro Português do Século XX*. Lisboa, Espiral, s.d.

D'AMICO, Silvio. *Historia del Teatro Universal*. v. 1. Tradução J. R. Wilcock. Buenos Aires, Editorial Losada, 1954, p. 377-384; v. 4, p. 22-26.

DÓRIA, Gustavo A. "Os Precursores". In: *Moderno Teatro Brasileiro: Crônica de suas Raízes*. Rio de Janeiro, Serviço Nacional de Teatro, 1975, p. 5-18.

ÉSQUILO. *Oréstia: Agamêmnon, Coéforas, Eumênides*. Tradução do grego, introdução e notas Mário da Gama Kury. Rio de Janeiro, Jorge Zahar, 1991.

GARRIDO, Eduardo. *O Martyr do Calvario*. Rio de Janeiro, Typ. America, 1904.

GRANDE ENCICLOPÉDIA PORTUGUESA E BRASILEIRA. Lisboa – Rio de Janeiro, Editorial Enciclopédia Ltda., s.d.

GRESPAN, Célia. *Itália Fausta: que Trágica é Esta?*. Monografia de Conclusão do Bacharelado em Teoria do Teatro. Orientação de Tania Brandão da Silva. Rio de Janeiro, UNIRIO/CLA, 1998. Exemplar em disquete.

GUIMARÃES, Júlio Castañon. "Poesia e Pré-Modernismo". In: *Sobre o Pré-Modernismo*. Rio de Janeiro, Fundação Casa de Rui Barbosa. Centro de Pesquisas. Setor de Filologia, 1988, p. 49-61.

HARDMAN, Francisco Foot. "Engenheiros, Anarquistas, Literatos: Sinais da Modernidade no Brasil". In: *Sobre o Pré-Modernismo*. Rio de Janeiro, Fundação Casa de Rui Barbosa. Centro de Pesquisas. Setor de Filologia, 1988, p. 23-30.

HUBERT, Marie-Claude. *Les grandes théories du théâtre*. Paris, Armand Colin, 1998, p. 195-244.

MAGALHÃES JÚNIOR, R. *As Mil e Uma Vidas de Leopoldo Fróes*. Rio de Janeiro, Civilização Brasileira, 1966. (Coleção Vera Cruz, v. 110)

MAUL, Carlos. *Antigona*. Rio de Janeiro, Tipografia de Batista de Souza, 1949.

NUNES, Mario. *40 Anos de Teatro*. Rio de Janeiro, Serviço Nacional de Teatro, 1956, v. 1.

PRADO, Décio de Almeida. "A Comédia Brasileira (1860-1908)". In: *Seres, Coisas, Lugares: Do Teatro ao Futebol*. São Paulo, Companhia das Letras, 1997, p. 15-63.

_____. "Espetáculos Ligeiros da Belle Époque". In: *Seres, Coisas, Lugares: Do Teatro ao Futebol*, p. 64-70.

_____. *O Teatro Brasileiro Moderno: 1930-1980*. São Paulo, Perspectiva – Editora da Universidade de São Paulo, 1988, p. 13-22. (Coleção Debates, n. 211)

REBELLO, Luiz Francisco. *100 Anos de Teatro Português (1880-1980)*. Porto, Brasília Editora, 1984.

———. *História do Teatro Português*. 2ª ed., Lisboa, Publicações Europa-América, 1972. (Coleção Saber)
REZENDE, Beatriz. "A Representação do Rio de Janeiro nas Crônicas de Lima Barreto". In: *Sobre o Pré-Modernismo*. Rio de Janeiro, Fundação Casa de Rui Barbosa. Centro de Pesquisas. Setor de Filologia, 1988, p. 107-114.
RODRIGUES, Pedroso. *Bodas de Lia*. Coimbra, França Amado Editor, 1906.
ROUBINE, Jean-Jacques. *Introduction aux grandes théories du théâtre*. Paris, Bordas, 1990, p. 94-112.
SCHWARZ, Roberto. "As Idéias Fora do Lugar". In: *Ao Vencedor as Batatas: Forma Literária e Processo Social nos Inícios do Romance Brasileiro*. São Paulo, Duas Cidades – Editora 34, 2000, p. 9-31. (Coleção Espírito Crítico)
SILVA, Lafayette. *Historia do Teatro Brasileiro*. Rio de Janeiro, Ministério da Educação e Saúde, 1938, p. 251-252.
SÓFOCLES. "Édipo Rei". In: *A Trilogia Tebana: Édipo Rei; Édipo em Colono; Antígona*. 3 ed. Tradução do grego e apresentação Mário da Gama Kury. Rio de Janeiro, Jorge Zahar, 1993, p. 19-31.
SOUSA, J. Galante de. *O Teatro no Brasil*. Rio de Janeiro, Instituto Nacional do Livro, v. 1; v. 2, 1960.
SÜSSEKIND, Flora. "Crítica a Vapor: a Crônica Teatral Brasileira da Virada de Século". In: *Papéis Colados*. Rio de Janeiro, Editora da UFRJ, 1993, p. 53-90.
———. "Relógios e Ritmos: Em Torno de um Comentário de Antonio Candido". In: *A Voz e a Série*. Rio de Janeiro, Sette Letras/ Belo Horizonte, Editora da UFMG, 1998, p. 71-103.
———. "O Figurino e a Forja". In: *Sobre o Pré-Modernismo*. Rio de Janeiro, Fundação Casa de Rui Barbosa. Centro de Pesquisas. Setor de Filologia, 1988, p. 31-47.
VARGAS, Maria Thereza. "Teatro Operário na Cidade de São Paulo – Teatro Anarquista". In: *Sobre o Pré-Modernismo*. Rio de Janeiro, Fundação Casa de Rui Barbosa. Centro de Pesquisas. Setor de Filologia, 1988, p. 75-82.
VERGA, Giovanni. "Cavalleria Rusticana". In: *Tutto Il Teatro*. Introdução de Natale Tedesco. Milano, Arnoldo Mondadori Editore, 1980, p. 29-48. (Oscar Poesia e Teatro, n. 52)
———. *Vita dei Campi; Cavalleria Rusticana ed altre novelle*. Firenze, R. Bemporad e Figlio, 1929, p. 5-12.
VELLOSO, Monica. *Que Cara Tem o Brasil? As Maneiras de Pensar e Sentir o Nosso País*. Rio de Janeiro, Ediouro, 2000.
VEYNE, Paul Marie. *Como Se Escreve a História; Foucault Revoluciona a História*. Tradução Alda Baltar e Maria Auxiliadora Kneipp. Brasília, Ed. da Universidade de Brasília, 1982, p. 149-198.

PERIÓDICOS

A Faceira, Rio de Janeiro, 1914-1915.
CARVALHO, Coelho de. "O Cântico dos Cânticos". In: *De Teatro: Revista de Teatro e Música*, Lisboa, ano 1, série 2, n. 8, abr. 1933, p. 1-16.
Correio da Manhã, Rio de Janeiro, jan./abr. 1916.

DICKINSON, Thomas H. Open-air theatre. *The Play-book*, Wisconsin Dramatic Society, Madison, Wisconsin, v. 1, n. 3, jun. 1913, p. 3-32.
FRANCO, Maria Sylvia de Carvalho. "As Idéias estão no Lugar". (entrevista) *Cadernos de Debate*. São Paulo, Brasiliense, 1976, n. 1, p. 61-64.
O Jornal, Rio de Janeiro, set. 1948.
MEIERHOLD, Vsevolod. "As Técnicas e a História". *Cadernos de Teatro*. Rio de Janeiro, Tablado / MEC, jan./mar. 1975, n. 64, p. 1-9.
O Paiz, Rio de Janeiro, jan./mai. 1916.
Revista da Sbat, Rio de Janeiro, mai./jun. 1954, n. 279, p. 6.
Revista da Semana, Rio de Janeiro, 1914-1916.

Anexos

Anexo 1: Fichas Técnicas

Escalação do Elenco do Teatro da Natureza Português

Atores	Personagens		
	Orestes	Cântico dos Cânticos	Merlim e Veviana
...exandre de Azevedo	Orestes	O Pastor	Merlim, o Encantador
...delina Abranches	Electra		Veviana, a Dama do Lago
...árbara Wolckard	Clitemnestra		A Bruxa Insônia
...z Velloso			Tristão, Pastor
...ira Abranches	Corifeu	A Sulamita	A Fada da Noite
...fredo Ruas		Irmão da Sulamita	Antor, Velho Bretão
...odoro Santos		Irmão da Sulamita	
...po Pimentel	Pílades		Lancelot do Lago
...nto Costa			
...fael Marques		O Rei Salomão	
...z Rodrigues		Uma Bailadeira	

Atores	Personagens					
	Orestes	Cavalleria Rusticana	Bodas de Lia	Antigona	Rei Édipo	Martyr do Calvario
...exandre de Azevedo	Orestes	Turiddu	Jacó	Hemon	Édipo	Jesus
...ia Fausta	Electra			Antigona		
...olonia Pinto	Clitemnestra	Lucia		Euridice		
...ma de Souza	Corifeu	Lola	Rachel	Ismenia		Madalena
...o Barbosa			Labão	Corifeu	Creonte	Poncio Pilatos
...reira de Souza	Egisto	Alfio	Hebhel	Creonte	Tiresias	Judas
...ge Alberto	Um escravo			Tirésias		
...rio Arozo				Um Guarda	Mensageiro e Oficial	
...ro Augusto		Brazzi		Mensageiro	Corifeu	
...ardo Arouca		Um aldeão		Um Escravo	Pastor	
...ria Falcão		Santuzza	Lia			
...laide Coutinho					Jocasta	Virgem Maria
...ncisco Marzulo	O Porteiro					
...th Rodrigues	Cilissa	Camilla				
...s Soares	Pílades	Prior			Pontífice	
...ia Castro						Samaritana

Anexo 2: Teatros ao Ar Livre

1.Tipo *Arquiteturais*

AMERICANOS:
- Cranbrook, Michigan; 1916; poucas centenas de lugares
- Garfield Park
- Hearst Greek Theatre, University of California, Berkeley; 1903; 6.000 lugares
- International Theosophical Headquarters, Point Loma; 1901; 2.500 lugares
- Los Angeles, Califórnia; 10.000 espectadores, podendo ser ampliado para 40.000
- Pomona College, Claremont, Califórnia

EUROPEUS:
- Arena Goldoni, Florença, Itália; 1818; 1.500 lugares
- Béziers, França
- Bradfield, Inglaterra; 2.000 lugares

2. Tipo *da Natureza*

AMERICANOS:
- Bankside Theatre, University of North Dakota; 1914; 3.000 lugares
- Bohemian Grove Theatre, do Bohemian Club de São Francisco, perto de Monte Rio, Califórnia; 1902
- Bar Harbor, Maine
- Dell Theatre, Hill School, Pottstown, Pennsylvania; 900 lugares
- Forest Theatre, Carmel-by-the-Sea, Califórnia
- Meridien, New Hampshire
- Mount Tamalpais Theatre, perto de São Francisco, Califórnia; 7.000 a 8.000 lugares
- Peterborough, New Hampshire; 1914; poucas centenas de lugares
- Peterborough Pageant Theatre, New Hampshire; 2.000 lugares
- State Normal University, Normal, Illinois
- University of Wisconsin, Madison
- Vassar College
- Western Illinois State Normal School, Macomb; 1913; 600 lugares

EUROPEUS:
- Bosque de Klampenborg, perto de Copenhagen, Dinamarca; 1910; 3.000 lugares
- Das Harzer Bergtheater, Thale, Alemanha; 1903; 1.000 lugares
- Hertenstein, perto de Lucerne, Suíça; 1909
- Potsdam, Alemanha
- Théâtre de la Nature, Cauterets, França
- Tiefurt, Alemanha

TEMPORÁRIOS:
- Forest Park, St. Louis; 45 mil lugares
- Tree Day Festivals
- Wellesley College

3. Tipo *de Jardim*

AMERICANOS:
- Fazenda de Henry E. Bothin, Montecito, Califórnia; 100 lugares
- Fazenda de William Miller Graham, Montecito, Califórnia
- Garden Terrace Theatre, Yankton College, Dakota do Sul; 2.500 lugares

- Mount Kisco, Nova York; 350 lugares
- Ragdale, Lake Forest, Illinois; 300 a 400 lugares
- Rosemary Theatre, Huntington, Long Island, Nova York; 1914; 4.000 lugares
- Tarrytown, Nova York; 100 lugares

EUROPEUS:
- Castelnuovo, perto de Palermo, Itália
- Jardins Boboli, Florença
- Jardins Larzienski, Varsóvia, Polônia
- Mannheim, Alemanha
- Rheinsberg, Alemanha
- S. Cloud, França
- Villa Collodi (ou Villa Garzoni), Pescia, Itália
- Villa Gori, perto de Siena, Itália
- Villa Marlia, perto de Lucca, Itália
- Villa Sergardi, perto de Siena, Itália
- Villa Serraglio, perto de Siena, Itália
- Westerwyck, Holanda

TEATRO NA PERSPECTIVA
Últimos Lançamentos

O Teatro do Corpo Manifesto: Teatro Físico, Lúcia Romano (D301)
O Melodrama, Jean Marie Thomasseau (D303)
Crítica da Razão Teatral, Alessandra Vannucci (E211)
Caos / Dramaturgia, Rubens Rewald (E213)
Para Ler o Teatro, Anne Ubersfeld (E217)
Entre o Mediterrâneo e o Atlântico, Maria Lúcia de S. B. Pupo (E220)
Yukio Mishima: O Homem de Teatro e de Cinema, Darci Kusano (E225)
Teatro da Natureza, Marta Metzler (E226)
Margem e Centro, Ana Lúcia Vieira de Andrade (E227)
Édipo em Colono de Sófocles, Trajano Vieira (S41)
Teatro Completo, Renata Pallottini (T18)
Dicionário do Teatro Brasileiro: Temas, Formas e Conceitos, J. Guinsburg, João Roberto Faria e Mariangela Alves de Lima (coords.) (LSC)

Este livro foi impresso na
LIS GRÁFICA E EDITORA LTDA.
Rua Felicio Antonio Alves, 370 – Bonsucesso
CEP 07175-450 – Guarulhos – SP – Fax.: (11) 6436-1538
Fone. (11) 6436-1000 – e-mail: lisgrafica@lisgrafica.com.br